子どもを生かし住民を活かす

工藤泰則

文藝書房

目次

子どもを生かし住民を活かす

Ⅰ　教頭になって

泰雄は受け持った子どもから『もっと若い先生から受け持ってもらいたかった』と言われて衝撃を受けた。そのような言葉を二度と聞きたくないと管理職試験に挑戦して二年連続選考試験に合格して教頭職に就いた。教頭の職務は、校長を助け、命を受けて校務をつかさどり、校務を整理し、必要に応じて児童の教育をつかさどると学校教育法三十七条にある。校長を助けるとは校長を補佐するとも言い、教頭の職務の範囲が校長の職務全体に及ぶことを意味し、それを補佐することである。校務を整理しとは、総合的な調整、つまり教頭は学校運営について校長を補佐するために総合的な調整機能を果たすことである。学校にはさまざまな校務分掌があるが、各分掌の仕事の調整をして、校長が最終意思決定をするときに適正に行われるよう、事前に問題点を吟味し、校内の意見を取りまとめ、解決案を用意することである。そのような職務を受けた泰雄は次のように仕事をこなして行った。

一　校内研修で教師を育てる

泰雄は、教頭になって大川谷小学校に赴任すると、校長は鈴木で郡市小学校研究協議会指定の国語の研究指定校になっていた。泰雄は校長から、

「教職員の研修は、学校の志気を盛り上げるのに最高の手段です。職員にしっかりと職員研修に取り組むように指導して頂きたい」

と命を受けた。

「分かりました。村小、村上南小時代の経験を生かして、職員研修に真剣に取り組みます」

「お願いします」

「国語指導の研究は範囲を狭めて、物語か説明文のどちらかにしたいのですがいかがでしょうか」

「研究主任、教務主任とも相談して研修計画を作って下さい」

「そのように致します」

教務主任は村上南小で共に勤務した本間教諭で、研究主任の増子教諭は泰雄の大川谷中学校時代の教え子であった。

「増子研究主任、我が校の国語の研修計画はできていますか」

「物語文を中心にして、［児童に文章に即して想像力豊かに読ませるにはどうしたらよいか］を研究主題にしたいと思っています」

「前任校の三面小学校でもそのような主題で研修したので、その考え方には大賛成だ」

「教頭先生は研究を進めるのにどのようにすればよいとお考えですか」

「僕は村上小学校で学んだ［目標の構造化と学習の組織化］村上南小学校で学んだ［自ら学び確かな力を身につける授業の創造］を生かすべく、授業の組織化を深めてほしいと思っている」

「授業の組織化は大切です。是非深めた研究にしたいと思います」

「増子先生、僕は一年生から六年生までの国語の物語教材の参考書を買い込んで読み始めたが、国語の指導は僕の専門の理科より難しい」

「私も職員と一緒に教材研究をするために買い求めています」

「研究主題は先生が提案した方向でいいよ。主題に迫る方策を考えて下さい」

「そのようにさせていただきます」

職員会議が開かれた。各学年二学級、教職員十六名が校長を中心にしてロの字型に勢ぞろいした。増子研究主任が大川谷小学校の研究主題は［文章に即して想像力豊かに読ませるにはどうしたらよいか］、副題として［物語文を通して］にしたいと思います。主題に迫る方策は、教師がしなければならないことと、児童にさせることに分けて説明します。

［教師が研究を深めるためにしなければならないことは］
①教材を分析して、文章に即して想像力豊かに読ませる目標の構造を明確にする。
②児童が自ら学ぶことができるように、学習過程を組織化する。
③文章に出て来た重要語句を使って簡単な文章を書かせて慣れさせる。
④文章に即して横道にそれ、豊かな経験を積ませる。
［児童にさせることは］

①国語の教材を毎日三回音読させる。
音読は、
・口の動き、舌の動きを滑らかにし、顔の表情を柔和にします。
・言葉を覚え、使えるようになり、語彙を豊かにします。
・人前で話す自信が付き、自分の考えを堂々と述べることができるようにします。
②教材の黙読を毎日一回させる。
黙読は、
・文章に出て来た言葉を深く考え、想像の翼を広げます。
・文章のつながりや主語と述語の関係など、分析的に読むことができます。
以上ですが何か質問がありませんか」

と、説明を終えた。

「教師の方策の④の「文章に即して横道にそれ、豊かな経験を積ませる」とはどういうことですか」

と、渡辺三学年主任が質問した。

「教材には必ず想像力を豊かに、読みを深める鍵となる重要語句があります。その語句を探すために何度も何度も教材を読み、読みを重ねると、おのずから教材の重要語句が見えてきます。例えば、六年生教材［鳥獣戯画］では、描かれた時代の語句に注目します。山に住んでいるウサギと池に住んでいるカエルが、相撲をとって仲良く遊んでいます。絵と文章からはそれだけでありますが、読みを重ねている間に、その戯画が描かれた八百年前という重要語句を見つけます。八百年前の平安時代の終わりはどんな時代であったのかと、疑問が生まれます。源氏と平家があちこちで戦をして不安な時代であったことを知ると、作者が意図する中身が見えてきます。住む世界が違うウサギとカエルが、このように仲良く楽しく暮らしているのになぜ人間は争わなければならないのか、問いかけていることに気づきます」

「増子先生の説明でよくわかりました。私たち教師がすることと、児童にさせることが明確で研究しやすいです」

と、各教師は納得し、主題と副題、方策が決定した。この方策によって各教師が日々実践を重ね、三か月後に校内研修会が開かれた。

「増子先生、実践の成果を児童の実態として発表して下さい」

と、泰雄が言うと、

「今、私が把握している実態は、以前より教科書の読みが上手になって来たことと、児童が図書室に行って読む読書量が少しずつ増えてきたことです。また児童が読んで面白かった本の紹介をし合うようになってきました」

「具体的に説明して下さい」

「例えば、地域のおばあさんが書いた「いばらいちご」の本を読んで、『昔の人の苦労話が書かれてあって面白かったよ。あなたも読んでみたらいいよ』『ありがとう。私も家なき子、ロビンソン・クルーソーを読んだわ。面白かったよ。あなたも読んでみて』という具合です」

「私のクラスの児童でこのような子がいました。『お父さん、古事記を読んだら、日本は何々の命《みこと》という神様の国だったのだね』『そんなに難しい本を読んだのか』『子ども用の古事記だよ。分かりやすく面白かった』と、親子で話し合えるようにもなってきました」

と、中野教諭が付け足した。そこで泰雄は、

「小学校の研究は児童に如何にして力を付けるかが研究の主体です。研究主任や先生方の捉え方や歩み方は大変素晴らしいと思います。そのような事例をどんどん作り上げて行って下さい」

「分かりました。児童の作文能力、語彙の豊かさ、漢字の読み書きなども調べて先生方に報告致します」

と、研究主任が応え、日々の授業を大切にしながら教職員の指導力は伸びていった。

二　ＰＴＡとの交流を図る

ＰＴＡ会長は大滝で、副会長は富樫であった。

「雷中学校時代には昔話の印刷でお世話になりました。これからもよろしくお願いします」

と、泰雄は大滝会長に会った時、挨拶した。

「こちらこそよろしくお願いします」

すると富樫副会長は、

「私は先生が新採用で赴任した時の教え子です」

「良く知っています。新潟地震の時、教材園を作るのを手伝ってくれたり、弁論大会で大活躍をしたことを覚えています」

「あの新潟地震の時は生徒を瀬波温泉の修学旅行地から全員無事に連れもどしたと地域の人々が感謝していました」

「そうですか。我々教師も必死で生徒を守ったのです」

すると、大滝会長が、

「新潟地震はすごかったもんなあ。この府屋でも数件の家が潰れたよ。泰雄教頭先生は子どもを活かすのが上手い先生だ。雷中学校時代卓球指導で全国大会に出場させたり、雷民話を掘り起こしたりしてくれた。この大川谷小学校でも子どもたちに目を向けて下さい。保護者の問題は我々に任せて下さい。保護者から出て来る学校への要望や苦情は全て我々が解決して行きます」

「あり難いお話です」

「PTAも研修でまとまっていくことが大切です。それで研修の中身ですが、親は地域の歴史や文化を知り、子どもたちに自信を持って語れなければならないと思っています。教頭先生はその指導の先頭に立って下さい」

「会長さんのお話はもっともです。地域文化を知り、地域に誇りを持つこと、地域文化を生かすことは地域を活性化させる鍵になります。僕がその原稿づくりをします。そして、山北の地域巡りをしましょう」

「よろしくお願いします」

泰雄が山北の名所旧跡を調べるうちに、大川城は学校の前山にあり、村上城の本荘繁長の妻は大川城出身であること、山熊田の落ち武者の話、雷のシナ織の話、明治維新戦争の官軍様のお墓など面白い話がいくらでも出て来た。それを原稿にして【山北巡り】というガイドブックができた。

「会長さん、山北巡りのガイドブックができました」

「あり難い、それを使って山北巡りをしましょう」

と、泰雄が説明役になって地域学習に出かけた。

大滝「教頭先生、学校になぜ公徳碑があるのですか」

泰雄「校庭の石碑は、開田や林業の先覚者として山北地方の公共事業に尽くされた富樫長吉翁の功績を伝える碑です。長吉翁は一八四三年四月八日山北町北黒川の齋藤重太郎氏の次男として生まれ、二十三歳で杉平の富樫家に養子となり、山野を開墾して新田十町歩を開き、さらに他人の分も三十町歩も田を開拓しました。さらに大川谷地域の特色を生かして百五十町歩の山林地上権を得て植林し、明治四十二年までに七十町歩の造林に成功させました。その謂れが書かれてあります」
大滝「この雪国に杉の植林を成功させた秘訣は何でしたか」
泰雄「山の傾斜に添って斜め植えをすることでした。斜め植えをすることによって根を根づかせ、根本の曲がったところは木目が面白く需要があったことです」
富樫「塔下集落には塔様があるけれどなぜあるの」
泰雄「見に行きましょう」
と、車で移動すると塔下集落の山に宝経印塔があった。
泰雄「昔、この山の奥に姥捨《うばす》て山があり、そこからの怨霊が毎夜漂ってこないように建てられた塔です」
富樫「なぜ姥捨て山があったのですか」
泰雄「学校の前に大川城があったので、凶作の年には姥捨ての御触れが殿様から出たのだと思います」
富樫「姥捨て山は遠い所の話と思っていたら、我が町にもあった話なんで驚いた」
増子「教頭先生、大川城の主はどんな人だったのですか」

泰雄「平泉で義経が頼朝の追跡を受けて戦死する時に最後まで味方し、秋田に逃れていて、後にこの府屋に城を築いた大川氏の子孫です。村上城を作った本荘繁長を幼い頃かくまって育てた大川忠秀駿河守が謙信と信玄の川中島の決戦で戦死したことから、繁長が『謙信は早く兵を引くべきであった』と陰口をしたことから暗殺を謀られ、それに気づいた繁長が村上に逃げ帰ったので、謙信に繁長は攻められたが、大川孫太郎と藤七郎兄弟の支援で繁長は村上城を守り切ることができたのです」

富樫「そんな歴史が大川城にあったのですか。面白いですね」

大滝「それじゃ、中浜のぼたもち祭りはどんな祭りですか」

泰雄「中浜にある［十三仏］をお参りしましょう。そうすればぼたもち祭りの謂れが分かります」

と、参加者二十数名が車で移動した。

富樫「ぼたもち祭りはいつ行われるの」

泰雄「十二月一日に行われていますが、旧正月では一月二日に行われていました。調べてみますと、中浜には五十三軒の家があり、順番に頭屋《とうや》になります。頭屋は各家から小豆、もち米などを集めて夜を待ちます。一方ワカゼ（十五から四十二歳）は念仏堂に入り、長兵衛さんの家のエノキを切ってすりこぎ棒を二本作ります。そして頭屋の家に行き、ぼたもちを作ります。そのぼたもちを持って念仏堂にこもります。集落の人はワカゼが作ったぼたもちを持ってネズミカジリ岩に奉ってある十三仏と石地蔵へお参りします。その後、念仏堂では新婚の夫には、塩入りのぼたもちを食べさせ、腹一杯と言うと焼いたすりこぎ棒を腹に当ててこすり、へっこむと、『まだ食べられる』と口の中にぼたもちを入れて食べさせます。新築した家にはぼたもちを投げ込んだり、壁に塗りつけたりする祭りです」

本間「なぜそのような祭りをしたの」

大滝「この祭りは、新婚さんや新築した家をうらやましいと思う妬《ねた》み心を癒す祭りだと言われています」

泰雄「そうです。小さい集落で皆仲良く暮らしていくには人の妬み心を忘れさせることが必要なことから始まった祭りだと思います」

このようにして三回に分けて小俣の蔵王様、山熊田の河内神社、十二塚、北中城、八幡神社など三十二か所を巡り、楽しみながら教師と保護者の心の交流が図られて行った。

三　問題は共に抱えて

泰雄が赴任して二年目の夏休みを終えた数日後、二階の六年生の教室から大きな怒鳴り声が聞こえて来た。

「教務主任、何が起ったのか見て来て下さい」

と、泰雄が本間教諭に依頼した。

「何で怒鳴り声を出したのか確かめてきます」

と、本間教務主任が行くと、教室は静かである。毎日、熱心にミニバスケットを指導している教師ゆえに、本間教諭は安心して引き返した。

「静かな教室に戻っていました」

「そうか、良かった」

泰雄はそのまま業務を続けた。それが不登校児童を出す結果になった。それは次の経緯からである。敦子が兄に、

「お兄ちゃん、四月に転校して来てから、お父さんに会っていないので会いたいね」

「会いたいなあ」

「何でお父さんとお母さんは会わないの」

「俺たちが転校したのはお爺ちゃんとお婆ちゃんが老いたのでお母さんがお世話するために説明を受けているけど」

「でも不思議だねえ。夫婦が会わないなんて。夏休みに入りお父さんも家に居るはずだから、お父さんに会いに行ってみない」

「行ってみるか。お母さんは日直でいないけど」

「行こう、行こう」

と敦子兄妹は父親に会いに行き夕方になった。

「お父さん、今夜、泊まって行ってもいいでしょ」

「いいよ。久しぶりに夕食を食べに出ようか」

それで敦子は母親に電話した。

「お母さん、今、お父さんの所に来ています。遅くなったので、今夜はお父さんの所にお兄ちゃんと一緒に泊まります。いいでしょ」

「お父さんとお母さんは別れたのよ。別れたお父さんの所になんかいないで、早く帰って来なさい」

「ええ、お父さんとお母さんは離婚していたの。私、初めて知った」

「そんな所にいないで早く帰っておいで。お兄ちゃんにも伝えて」

「私の大好きなお父さんと勝手に別れないでよ」

「もう別れてしまったの」

「私、家には帰らない。お父さんの所にいるから」

敦子は家庭が崩壊したと知り動揺した。苦しんだ。悲しい寂しい夏休みになった。父親から諭されて母親の元に帰ったが、夏休みの宿題どころではなかった。夏休みの宿題を何もしないで、というより精神的動揺から、何もできないで二学期を迎え、登校したのであった。そんな敦子に担任は、

「夏休みの宿題を敦子さん以外全員出したのにどうしたの」

「忘れて来ました。明日提出します」

「敦子さん、今日は持って来ましたか」

「忘れました」

「明日は必ず持ってきてね」

「はい」

「今日は持って来たでしょ」

「忘れました」

「この嘘つき、先生を騙すのか」

と、担任教師は切れて怒鳴り声になったのだった。怒鳴らずにその訳を静かに聞くべきであった。敦子の苦しい胸の内を聞いて、宿題を出せない理由を聞き出すべきであった。教師の怒鳴り声を聞いた時に敦子の理解を促す指導を教師に泰雄はすべきであった。それをしなかった泰雄にも教頭としての責任がある。敦子は次の日から学校に来なくなった。

「私の気持ちを先生は分かってくれない。あんな先生は大嫌い。学校には絶対に行かない」

「敦子さんの不登校は、学校の責任だ。なんとかして登校するように方策を練ろう」

と、担任と策を練ると校長が、

「敦子さんの心の安定を待って、まずそっとしておこう」

「様子を見ましょうか」

「その方が良いと思うよ」

と、敦子の心の安定を待った。二か月が過ぎた。

「校長先生、敦子さんが不登校になってから二か月が経ちました。担任も敦子の気持ちを見抜けなかったことを反省しています」

「両親が離婚したのだ。簡単には心の安定はできんよ。もう少し待とう」

敦子の不登校は三か月が経過したが登校する気配はなかった。登校刺激を与えるために友達を迎えにやった。泰雄も担任と共に迎えに行った。母親、兄とも相談した。効果がなかった。兄が、

「敦子、今日、友だちが迎えに来たぞ」

「……」

「学校の教頭先生と担任も来たぞ。担任の先生がお前に謝っていた」

「私の大好きなお父さんと勝手に離婚したお母さんは大嫌い。困らしてやる」

「強情を張るなよ」

「私が学校へ行かなければお母さんは教師だから困るはず。学校の先生も私の切ない気持ちを分かってくれなかった。学校も先生も大嫌い」

敦子は母親と学校に攻撃の矢を向けて、一歩も動こうとはしなかった。卒業式が近い。

何とか式には出席してほしいと泰雄たちは努力したが実らず、困っていた。大滝ＰＴＡ会長が学校に来て校長、泰雄と話し合った。敦子が不登校になったことが地域に広まっていた。

「母親、祖父母と話してみます。先生方は他の子どもたちの教育に取り組み、学校のことに集中して下さい」

「ありがとうございます。よろしくお願いします」

と、校長がお願いした。大滝ＰＴＡ会長が敦子の家を訪れると祖母が、

「学校の対応のまずさで家の孫が不登校になってしまった。その責任をどうしてくれますか」

「皆さんが言われる通り先生方の対応が悪かったのは認めますが、敦子さんのご両親も離婚したことを子どもさんたちに隠していたことは良くなかったと思います。正直に話しておけば、子どもさんたちの対処の仕方も違ったと思います」

「娘も学校の先生も困ったものです。もっと孫の気持ちを考えてくれればこのようなことが起こらなかったのに」

「その通りですが、学校の責任を追及しても敦子さんには何の得にもなりません。敦子さ

んがどうすれば登校するのか私たちは考えましょう」

「私が一番悪いのです。私の我がままから離婚して帰って来たのですから、私と敦子で話し合って解決して行きます。大滝会長さんにも迷惑をかけてしまいました。今夜は本当にありがとうございました。まず、今夜はお引き取り下さい」

母親の言葉で大滝ＰＴＡ会長は帰った。会長の訪問で学校の責任追及はされなかったが、敦子の不登校は解決されず、校長が敦子の家に行って卒業証書を渡すことになった。

兄が、

「中学校の入学式には出るんだろ」

と、敦子に尋ねると、

「出るよ」

と答えたが、敦子は中学校の入学式に出席しただけで休み続けた。担任は責任を感じ辞職願を胸に秘めていたが泰雄はその教師の身になって支え続けた。

四　自身の研修

㈠　主任と共に学ぶ

「学校は、法規によって動いているが、本間、増子両先生は知っていますか」

と、泰雄は主任二人に尋ねた。すると本間教務主任が、

「私は、法規はあまり知りませんが、入学式、卒業式、健康診断、学校給食、避難訓練などすべてが法規に則って行われていることは知っています」

「学校は行政の一機関です。教務主任、研究主任の貴方たちは学校運営の要です。その法規を学ばなければならないと思いますがいかがですか」

「学びたいと思っています」

と、本間教務主任が答えた。

「毎水曜日の午後六時から八時まで、教育の法体系の研修を三人でしましょう。増子先生もいかがですか」

「お願いします」

「研修の中身は県が出している［管理運営］を使用します。その中身に沿って研修していきましょう」

三人は職員が帰った後、校長室で毎水曜日に集まって研修するようになった。研修に行き詰った時は、温海温泉で風呂に入ったり、鶴岡に映画を見に行ったりした。それが学校をスムーズに動かす原動力になった。ところがある日、泰雄が朝、校舎を見回ると廊下のガラスが割られ、内鍵があけられている所が一か所あった。

「校長先生、校舎に不審者が入ったようです」

「場所はどこですか」

「北校舎の木造校舎です」

「先生方に被害が無いか聞いてみてくれ。あまり大げさにならないように」

「分りました」

泰雄は二十分の休憩時間に全職員を集めた。

「昨日の日曜日に不審者が侵入した形跡がありますので先生方の机の中に入れて置いたもので無くなったものはありませんか」

本間教務主任が、

「机の中に小銭十円銅貨五枚ほど入れて置いたものがなくなっています」

すると、増子研究主任が、

「百円銀貨二枚ほど無くなっています」

と、各教諭からの報告を合計すると被害額は二千三百円ほどあった。

「貴重な備品、カメラなど無くなっていないか調べて下さい」

と、泰雄が指示して全職員で調べた結果、学校の教材備品は全てあった。

「校長先生、現金専門の学校荒しでした」

「警察に届けよう」

と、府屋駐在所に届けたら村上警察の警官数名が来て、被害額を聞き出し、現場写真を撮り、職員の指紋をとって帰って行った。半年後、東北地方の学校を専門にした窃盗犯が秋田で逮捕された。この学校事故を取り上げて両主任に学校の管理者はどうあればよかったのか話し合ってまとめさせた。
・犯人は刑法第三十条建物侵入罪、三十六条窃盗罪に該当する。
・学校には理振法、産振法、学校図書館法などによって購入した備品がある。
・教育委員会に学校事故が発生したら速やかに報告する義務がある。

・その中身は事故発生の日時、事故の内容、損害を正確に把握して文書で報告する。
・現金は少額でも机の中にはおかないようにする。
・現場の保存に務める。
・警察に届ける。
・必要があれば保護者にも知らせる。
このように管理運営の本を参考に人事管理、建物管理、教育課程管理、学校行事・学校事故などの対処法を法に照らして具体的に泰雄は二人の主任と学び合って行った。

(二) 海外研修で学ぶ

泰雄は教頭になって三年目の春を迎え、五年生の理科の授業を終えて教務室に帰ると校長が、
「教頭さん、今日、県教育委員会から貴方にカナダ、アメリカ研修旅行に参加しないかと電話があったがどうする」
「是非、参加したいです」
「費用は国と県が半分持ち、残りの半分は自己負担だそうだ」

「国語の研究も研究主任が中心になって順調に推進していますし、ＰＴＡの地域研修は楽しくやらせてもらっています。海外の教育視察には興味があります」

「時期は夏休みで、期間は二週間だそうだ」

「夏休み中であれば学校にも迷惑をかけないし是非お願いします」

「県には参加すると報告しておくよ」

「ありがとうございます」

アメリカ研修旅行の打ち合せも順調に進み、夏休みに入って、泰雄は県下の十八名の教職員とアメリカに向かって旅立った。

「私は、県教委の管理主事をしております如澤です。この旅行団の団長を仰せつかり、これからの二週間、よろしくお願いします」

「私は、新潟中央高等学校の教頭をしております小林です。初めての海外旅行ですが団長さんを補佐して副団長の務めを果たします」

そして班長には泰雄、桜井、後藤の小中学校の教頭がなり三班編成でロサンゼルス経由でマイアミに到着し、翌日キーウエストに向かった。サンゴ礁でできた島々に橋をかけて人が往来できるようになっていた。キーウエストに着くと団長が『今日はこちらの教育委員会の歓迎会があり、明日はヘミングウェーの館を見学します』と予定を話してくれた。

それを聞いて、

泰雄「僕は［老人と海］の原作を大学時代に読んだが、大きな魚と格闘するシーンはまだ頭に残っています」

と、後藤班長に話しかけた。

後藤「私も読んだ。さすがノーベル賞作家だよねえ。明日が楽しみだ」

と、一日目の歓迎会も終わり、相部屋の後藤班長と休んだ後で、待っていたヘミングウェーの館に行った。

泰雄「猫が多いね」

後藤「ヘミングウェーは猫を可愛がって飼っていたそうです。その子孫を貰いに来る人が多くいると聞いています」

泰雄「あの机で［老人と海］を書いたのだね」

後藤「重厚な感じのする机ですね」

泰雄「夜は、ヘミングウェーが良く通った酒場へ行って飲んでみませんか」

後藤「大賛成です」

と、外に出た。するとワニの肉を食べさせる店があった。どんな味がするのか興味があったので入り注文して食べてみたらサメの肉であった。ヘミングウェーが通った酒場に班長三人で飲みに行った。この席でヘミングウェーが腰かけて飲んだのか。と思いを巡らせながら泰雄たちは語り、飲み、楽しんだ。次の日、高等学校を訪問し学校視察の後、保護者との懇談会があった。驚いたことに鹿児島出身の女の人がアメリカ人と結婚してキーウエストに住んでいて現地の保護者として出席していた。その人たちの悩みを聞くと、

「今、私たちが一番悩んでいるのは高校生の麻薬問題です。保護者も学校も厳しく取り締まっても解決はできません。恥ずかしいのですが、私の息子も麻薬を保持していました。警察に来てもらって取り調べをしてもらいました。日本はどんな具合ですか」

と、保護者の一人がたずねた。

「東京の高等学校は知りませんが私たち新潟県ではまだそんなに深刻な問題にはなっていませんが、薬物取り締まりには注意を払っております」

と、団長が答えた。

「そうですか。フロリダ州はメキシコ湾沿いにあり、メキシコからの不法侵入、薬物が入りやすい地域で困っています」

「周りがすべて海ですものね」

と、泰雄が言うと、別の保護者が、

「夜間、簡単に不法侵入できるのです。その人たちによる徳育意識も低下していて男女間の問題もクローズアップしています。高等学校によっては保育園を備えている学校もあり、女子生徒は自分の子どもを背負って登校し、子どもの居ない女子生徒がお世話して子どもの育て方を実習しています。日本は高校生の男女交際はどのようになっていますか」

と、質問された。それに対して副団長が、

「私は女子高等学校の教頭ですが、日本もいずれそのような時代が来ると思います。日本も性の解放感は確実に広がっております。高校生のセックス体験者は雑誌や新聞の調査によりますと三十パーセント以上と言われておりますが妊娠した子は育児能力がないのでほとんどが堕胎しております。だから子どもを背負って学校に来る生徒は一人もおりません」

「アメリカはキリスト教が普及し堕胎は罪と考えている人が多いので、妊娠すると産むのです。アメリカは人口密度が低いので移民やそうした子どもを受け入れて育て、国の力にしているところもあるのです」

「そこから色々の人種の人が入り交り、開拓精神が生まれて豊かな国に成長して行ったことがわかります」

と後藤が言うと、

「多種民族は良い面と悪い面があり、人種差別問題は中々解決されない問題です」

と発言があり、泰雄がそれに対して、

「日本は単一民族と言われていますが、同和問題と言って人為的に作られた差別の問題が昔からあります」

「人が住んでいるとそこには金持ちと貧乏人、地位の高い人と低い人、仕事のできる人とできない人など上下関係が生まれてきます。それが差別を生み、それらは世界中どこでも同じです」

と、別の保護者が付け足した。

「今日は貴重なご意見を拝聴させていただきありがとうございました。この高等学校の給食室、コンピューター室など見学させていただきましたがとても参考になりました。明日はニューヨークに向かいますのでこの辺で失礼いたします。教育委員会の皆さん、保護者の皆さん本当にありがとうございました」

と、団長が礼を述べて終えた。その後、ホテルに入ったがホテルにいるのはもったいないと泰雄は後藤班長と外に出た。月が煌々《こうこう》と照っていた。その月を見ながら海岸を歩いた。海水は生暖かかった。

「メキシコ湾で泳いでみないか」

と、泰雄が後藤に語りかけると、

「サメがいると怖い。止めておこう」

「足を少し浸すくらいにしようか」

と、浸した。泰雄は『一生の思い出になるから』とパンツ一つになって少し泳いだ。海水は生暖かく塩辛かった。次の日、飛行機でニューヨークに向かった。途中ハリケーンに会い、飛行機がかなり揺れた。ガタガタと墜落しそうになったが無事到着した。ナイアガラの滝の見学のためにバスでカナダのハミルトンに移動した。その翌日、雨具を着て船に乗り滝壺を見て回りその雄大さに感動して陸に上がって滝を見下ろすと、滝の大きさに驚かされた。後藤が泰雄に話しかけてきた。

「アメリカ人は冒険好きだから、樽に入ってあの滝壺へ突っ込む人がいるそうだよ」

「あの高さからか」

「アメリカ人はなぜそのように冒険好きなんだ」

「アメリカ人はもともと一旗揚げようと移民してきた人たちだ。その子孫だから滝を見ると血が騒ぐのでないか」

「その血がパイオニアにつながっているのかも」

「そうだよきっと」

「それにしてもすごい滝だなあ」

「滝もすごいけれどごみ一つ落ちていないねえ」

「さすが世界一の観光地、ナイアガラだ」

「年間三千万人の観光客が訪れるから、環境整備には注意を払っているのだと思う」

「映画館に入ってみないか」

と、後藤が泰雄を誘い映画館に入った。樽に入って滝壺に突っ込むシーンがすごい迫力で映し出された。その夜はトロントの教育委員会との懇談会があり、その後、滝を管理している人の好意によって、滝の水の色をライトで色々と変化させて楽しんだ。アメリカ側に戻り、デトロイトを見学した。自動車で栄えた街が、日本製の自動車に押されて廃墟のようになっていた。

「デトロイトは今では空き家とごみの山になっています。生活が崩れた市民が麻薬に溺れて居る人が多い街になっています。日本の繁栄はアメリカのお蔭だけれど、アメリカがこのようになっていることを知ってほしいと思います」

と、ガイドが説明してくれた。電気製品もすごい売れ行きでソニーはニューヨークの一等地に一番大きな宣伝用看板があった。

「今夜はニューヨークで野球とブロードウェーを見学するが、どちらを見ようか」

と、泰雄は後藤に相談された。

「両方見たいが時間がない。ブロードウェーでミュージカルを見たい」

「僕もミュージカルにするさ」

とミュージカルホールに入った。

「ホールはすり鉢状になっていて我々はかなり上にいるね」

「演じている人たちが小さく見えるが、やはり世界一のホールだね」

「演じている中身はあまりわからないが観客が湧いている」

「中身が良く分からないので街中を歩いてみないか」

「そうするか」

と、泰雄と後藤はマンハッタンを散策した。角を曲がって薄暗い通りを歩いていたら、

「ちょっと、ちょっと日本人」

と、黒人が寄って来た。

「僕たちですか」

「これを買って」

「いらないよ」

「見るだけ見てよ」

泰雄がガラスの製品を持たされたがすぐに崩れた。

「割れた、割れた、弁償五百ドル」

「何もしないのに割れるのはおかしい」

「弁償、弁償、五百ドル」

「後藤さん、逃げよう」

泰雄と後藤は明るい所を目指して逃げた。

「逃げるな、弁償、弁償」

「もう少しでやられるところであった」

と、荒い息をしながら泰雄が後藤に言うと、

「怖かった。暗い所は怖いねえ」

「ニューヨークの闇の部分をみたような気がする。アメリカの良い所ばかり見るよりもこんな世界もあることを知ったね」

「我々の視察旅行は外貨減らしの一環として行われているが、その意味が分かったよ」

「ほんとだね。日本企業が儲けていることが分かったよ」

「明日はワシントン、そしてサンフランシスコに行き、ヨセミテ国立公園の見学だ」

「ヨセミテ国立公園見学の飛行機は大丈夫かなあ」

「何で」

「前に小型飛行機の事故があった」

「そうだったね」

「飛行機の重さのバランスをとるために、飛行機の中にブロックを乗せるそうだから」

「ブロックかあ、怖いね。墜落しないのかなあ」

「するかもね。でも、一生の中で一度の見学、飛行機に乗って渓谷を見るよ」

「僕も乗るさ」

飛行機でヨセミテ国立公園見学をした。

「空から見る渓谷は素晴らしい」

「乗って良かった」

「まだ無事に帰らないけど」

「この渓谷は写真では何回も見ているが、本物は格別だ」

「無事に戻りたい」

と泰雄は後藤に言った。二週間の海外視察も無事終了した。泰雄は勤務校に帰り二学期を迎えて勤務していると、その年の十月十七日、死者六十二名、負傷者三千名強、ビルや建物、高速道路が壊れるサンフランシスコ大地震が発生した。サンフランシスコに滞在中でなくてよかったと泰雄は胸をなでおろした。団長の呼びかけで団員全員がお世話になったサンフランシスコ教育委員会に義援金を贈った。この視察を通してこれからの教育は、世界に目配りして行かなければならないことの重要性を学んだ。そして国語の研究会を無事こなし、児童に読書力も付き、翌年の二月を迎えた。夏休み後半に受験した校長試験の通知が届いた。泰雄は合格した知らせを県教育委員会から受けたのであった。

Ⅱ　僻地校の小学校長

一　十四名の児童の学校

校長の職務は校務をつかさどり、所属職員を監督する。であるが校務とは何であろうか。昭和三十二年の東京地裁の判例によると、『学校運営上必要な一切の仕事』を指し、大まかには学校教育の内容に関する事務、教職員の人事管理に関する事務、児童生徒の管理に関する事務、学校の施設・設備に関する事務、その他学校の運営に関する事務を上げている。つかさどるとは、公の機関並びにその職員が一定の仕事を自分の担当事項として処理することであり、所属職員とは校長を除いた学校に配置されたすべての教職員である。監督するとは、職務上及び身分上、所属職員が法令に違反したり、適性を欠いたりすることが無いように監視し、必要に応じて指示命令を下したり、許可・承認を与えたりすることである。

泰雄は三年間の教頭生活を終えて右のような新しい職務に就くために村上に向かった。その帰る途中、自動車のマフラーが錆びて落ちた。それは、海岸に近い［丸通旅館］に下宿していたために車が青空駐車で潮風の塩害でボロボロになっていたためであった。泰雄は車屋に寄り新車を買った。その車で東蒲原郡上川村の七名小学校に赴任した。その日は雲一つない晴天に恵まれた。風は冷たかったが泰雄の胸はかたぐるしい職務内容とは違ってたかなっていた。七名小学校の教頭は菅原、三名の教職員と寄宿舎管理人、それに用務員がおり、十四名の児童がいた。歓迎会がありそこで石川ＰＴＡ会長夫妻と出会った。

「校長先生、二次会は私の家で飲みましょう」

「すみません。今夜はかなり飲みましたので次の機会にしましょう」

「家では年寄りが待っていますからそういわないで行きましょう」

石川会長の妻・貴子から、

「校長先生、是非おいで下さい」

と、言われ、

「それではお言葉に甘えて伺いますか」

と行くと、会長の父親（教育委員）が出てきて、

「家にはカラオケトラックがありますから楽しみましょう」

「北国の春でも歌いましょうか」

と、泰雄は飲み、歌った。そして、帰って来て妻・三枝子に電話した。

「三枝子、今日一日の報告をするよ」

「楽しいことがあったの」

「あった、あった。素敵な職員と石川ＰＴＡ会長夫妻に出会えてよかったよ」

「それは何よりね」

「今日の疲れを癒すために風呂を沸かして入り、眠るよ」

「気を付けてね」

　瞬間湯沸かしでお湯を湯壺に入れ、横になって休んでいると、どっと疲れが出て寝込んでしまった。ふと目を覚ましたら十二時であった。風呂を焚いていることを思い出して風呂場に駆け付けたら、お湯があふれていた。

「三枝子、起きているかい」

「こんなに遅くどうしたの」

「火事を出しそうになった」

「どうしたの」

「風呂を沸かしていて寝込んでしまい、約一時間半も湯沸し器が燃え続けていた」

「怖い」

「明日、すぐに集落にある鎮守様に守ってくれたお礼に行って来る」

「何て言ってお参りするの」

「七名小学校の校長になって来ました泰雄です。昨夜は、風呂を焚きながら寝込んでしまいましたが、火事を出さず守って下さいまして本当にありがとうございました。七名小学校の子どもたちを可愛がり、育てますのでよろしくお願いします。と言うさ」

「これからは気を付けてね」

「気を付けるよ」

当時新潟県には、小学生の寄宿舎のある学校は七名小学校一校で、教師と児童は朝食と夕食を一緒にとっていた。学校給食も一緒だから、三食一緒であった。寄宿舎には隆雄、

陽子ら三人の児童がいた。中山集落からの児童であった。その夕食時陽子が、

「校長先生、中山には、面白いお墓があるよ」

「どんなお墓？」

「おしゃぎりの形をしたお墓です」

「面白そうだね。先生の車でそれを見に行こう」

と泰雄が話すと、菅原教頭が、

「そのお墓は『平家を滅ぼせ』と、詔を出した以仁王の墓と伝えられています」

「すごいお墓がこんな山の中にあるのはどうして」

「以仁王は戦いに敗れ、女の姿に身を隠して逃れて来たそうです。その結末は発見されて殺されたという言い伝えがありますが、中山が大火になりそれらの書類はなくなっています」

「書類があればすごい宝だよ」

「そうなのですが書類がないのは残念です」

「飯台にお酒があるが」

「私たちは寄宿舎に泊まっている子どもたちと夕食を共に取ります。教師は児童たちの前

で晩酌をしますので、児童たちにはジュースを出しています。夕食には、石川管理人が馬刺しを買って来て食べさせてくれます」

「それはあり難い」

「私はこの二年間で体重が五キロも増えました」

「太らないように注意しなければならないねえ」

「校長先生、牛腸教諭は読書感想文の名指導者です。毎年七名小学校から県の最優秀作品が出ています。そこの隆雄君も最優秀賞に輝いた一人です」

「すごい子がいるのですね」

「牛腸教諭は日教組の活動家でしたが、行きづまりを感じて、ある年から活動を止めたそうです。そして今七名小学校に赴任して児童の教育に打ち込んでいます」

「若い時はそれでいい。今、変われば大きく成長するよ」

「児童に本を読む楽しさ、読んだ後の感想文の書き方を、上手く指導しています」

「児童ちたは本を沢山読むのですね」

「読みます。牛腸教諭は本を児童に読ませるばかりでなく、日々の生活を事こまめに日記に書かせています。読んだ感想と自分の日記を融合させせながら感想文を書かせているのです。だから単に読んだ感想ではなく、生活から滲《にじ》み出た感想文になり、児童に大きな実りを与えています」

「それでは今年度も楽しみだ」

「牛腸教諭の真似をして、若い教師も読書感想文の指導に熱を入れています」

「益々楽しみですね。そうなの坂井先生」

「はい」

と、坂井教諭とさやか教諭が答えた。

二　教師を生かす

泰雄は教頭、牛腸教務主任を連れて塚野氏宅を訪問した。塚野氏は村松の教育長をしていた。泰雄が県教育センターで研修を受けている時、塚野氏は県の指導主事をしていた。泰雄たち研修生は大変お世話になった。塚野氏の指導は授業中心で泰雄たちには大変参考になった。そこで訪問したのは七名小の教師の授業を磨くためであった。訪問すると、塚野「良く来てくれました。何もないけど飲みながら話そう」
泰雄「すみません。いただきます」
教頭「先生はかねがねお顔を拝見しておりましたが、このようにお酒を飲みながら先生からご指導を受けられるのは嬉しいかぎりです」
牛腸「ありがたいことです」
塚野「校長先生とは長い付き合いです。今夜は楽しく飲みましょう」
泰雄「この先生が読書感想文指導の名人、牛腸教諭です」
塚野「お名前は良く知っています。素晴らしい指導をしていますね」
牛腸「やり始めましたら面白くてやめられません」
塚野「やり続け、ご自分の専門分野を深めて下さい」
教頭「塚野先生と校長先生とは長いお付き合いだそうですが、どんな関係があったのですか」
泰雄「僕と塚野先生は不思議な関係があったのです。僕が理科センターを終えて、村上小学校に勤務している頃、塚野先生は新潟大学付属小学校の副校長をしておられました。僕の教育実習の教官であった若林先生が、私を付属小の理科担当教官に推薦してくれて履歴書を送ったのですが、僕の恩師の杵淵教授が当時付属の校長をしており、お二人は理科同士で、意見が合わないことが多くありました。そんなことから、塚野先生は『杵淵校長の愛弟子では困る。別な教師を推薦してほしい』と拒否し、他の教諭が選ばれて付属小に入ったのです。そんな経緯があったけれど、僕は塚野先生が大好きで長い間ご指導を受けてきたのです」

塚野「そんなこともあったなあ。でも良く来てくれたよ」

泰雄「今後は教頭はじめ、牛腸教諭を生かすために先生のお力を借りなければなりません。よろしくお願いします」

塚野「分かった。固い話は抜きにして楽しく飲もうや」

泰雄「よろしくお願いします」

と、訪問する度に塚野ご夫妻は歓待してくれ、泰雄たちはお酒を飲みながら学習指導のポイントになる話をしてもらった。

塚野「牛腸先生、今度先生の授業を見せて下さい」

牛腸「喜んでお見せします」

泰雄「いつにするかね、教頭先生」

教頭「十月の末、紅葉の綺麗な頃に来ていただいてご指導を受けたらいかがですか」
泰雄「そうしよう」
と、泰雄がお願いして牛腸教諭の授業を見ていただくことにした。その当日、
牛腸「今日はお客様も来ておられますが、読書感想文の書き方についてお話します。監物君は耳学で知識は比較的広く、他人には極めて親切にふるまう個性を持っています。また、感動すると涙を流すこともあります。そうした点から［ありがとう山のガイド犬］の話を是非読ませたいと考えました。どうでしたか」
監物「面白かったです。先生」
牛腸「本を読んで平治の勇気、平治のえらさ、素晴らしい犬だというわけを発表して下さい」
監物「山で育ち、山のガイド犬になった平治は山が大好きであった。傷だらけの捨て犬であった平治を助けてくれた恩を忘れなかったのです。人から頼りにされるのを平治は喜びました。だから厳しい訓練にも耐えました」
牛腸「素晴らしい分析です。兄弟、両親がその本を読まれた感想も組み入れて、感想文を書いてみて下さい」

監物君はすらすらと感想文を書き始めた。

牛腸「政幸君は生き物が大好きなので「ぼくらのカマキリくん」を読んでもらいましたがどうでしたか」

政幸「すごく面白かったです」

牛腸「カマキリを飼育する難しさを自分の経験を通して感想文を書いてみて下さい」

と、一人ずつ児童に感想文を書かせるポイントを指示した。泰雄が監物君の感想文を覗くと素晴らしい出来栄えであった。牛腸教諭は途中で止めさせて児童が書いている内容を読ませた。

牛腸「監物君、途中までの内容を読んでみて下さい」

監物「平治をもう一度走らせたい

七名小学校四年　監物卓也

ぼくは平治が死んでしまったとき、むねが熱くなりないてしまった。いもうとの幸恵、も、はかにうめられた平治のことを思ってないていた。お父さんもないた。『お父さんも読んでみたらいいよ』とおしえてやったらいっしょうけんめい読んでいた。やっぱり、平治が死んだとき、ぼくたちに気づかれないようにないていた。ごまかそうとしていたけれど、『目があかくぬれていたよ』とお母さんがおしえてくれた。こんなに、家ぞくのみんなをなきたい気持ちにさせたのはなんだろう」
牛腸「書き出しがいいね！　妹の幸恵さんお父さんも感動の涙を流した。しかもお父さんが照れて涙を隠そうとしたあたりは面白い。涙を流させた原因は分かるかい」
監物「はい、わかります」
牛腸「その続きをどんどん書いてごらん」
監物「はい。楽しみながら書き続けます。
平治は、山が大好きで、山に生きた平治なのに、もう二度と、山へ行かせてあげることができないくやしさだと思う。かわいがっていたペットが死んでしまったときのように、大事な宝物がなくなったかなしさとは、ちがうように思う。お父さんも幸恵も、平治を、もう一度、山に行かせてあげたくてないたんじゃないかなと思う。ぼくもそうだ。それも、登山客をガイドしながらだ。それにしても、平治が山のガイド犬によろこんでなり、りっぱな仕事ができたのはなぜだろう。一つ目は荏隈《えのくま》さんへのお礼の気持ちがあるんだと思う。きずだらけのすて犬だった自分を助けてかわいがってくれたことが、いつまでもわすれられないのだと思う。二つ目は、人からたよりにされて、人の役に立つことがとってもうれしいのだと思う。だから、どんなに寒い冬の山でも、ガイドすることをいやがらなかったのだと思う。三つ目は、がんばり通す強い心があったからだと思う。荘隈さんのきびしい訓練にもへこたれず、本当に強い犬だと思う。四つ目は、わすれてはいけないことだけど、山を本当に愛していたことだと思う。平治は、荘隈さんにかわいがられていたけど、荘隈さんに、かわれてはいなかった。自分のねる所を、山の中に作っていたし、野生のものを食べることもしていた。山の中は、平治にとってとても住みごこちが良かったのだと思う。山の人気者になった平治は、毎日、登山客をあんないするのが楽しくてしょうがなかったのだろう」

　牛腸教諭は監物君の作品をのぞいた。

牛腸「平治が厳しい訓練に耐えて山の案内人になった理由の分析がいいよ。作者もそこまで分析はしていなかったと思うよ。監物君の考えの深さが読み取れる。まとめをどのようにするか考えていますか」

監物「はい。テレビを見た時のララと比較しながらかくつもりです」

牛腸「素晴らしい出来だからどんどん書いて行って下さい」

監物「ありがとうございます。

この前、テレビで、［救助犬ララ］という番組を見た。山のそうなん者を助ける、とてもかしこい犬のことだった。番組のあいだ、平治のことが頭からはなれなかった。ララにも負けないりっぱな犬もいたんだよと、テレビを見ながらつぶやいていた。平治は、今はもういない。なんだかさみしいけれど、ぼくは、平治というすばらしい犬がいたことをわすれないでいたい。お父さんに九州へつれていってもらうことができたら、家ぞくのみんなで、平治のかつやくしていたくじゅう連山に行ってみたい」

と、監物君は二時間続きの授業で書き上げた。授業後、

「素晴らしい感想文が書ける秘訣を教えてもらったよ。勉強になった」

と、塚野氏は褒め、誤字脱字を直して県の読書感想文コンクールに応募した。その二か月後、

「校長先生、読書感想文の結果が届きました。今年も最優秀賞が出ました」

と教頭から泰雄は報告を受けた。それは監物君の［平治をもう一度走らせたい］であった。

泰雄はすぐに電話機を握った。

「塚野先生、お久しぶりです」

「久しぶり、先日はありがとう」

「先日、先生から見て頂いた読書感想文の授業で書いた監物君の作品が、県の最優秀賞に選ばれました。先生が来て下さったお陰でよりよい感想文が書けたようです」

「あれは素晴らしい指導であった。五万点も集まる中からの最優秀賞、おめでとう。牛腸先生にもよろしく伝えて下さい」

「ありがとうございます。またお宅へ寄せて下さい」

「楽しみに待っている」

三　児童の宝探し

泰雄は児童の実態を知ることと教育課程の管理を兼ねて三、四年複式の理科の授業を週三時間担当した。阿賀野川の支流、常浪川の様子を観察に出たら学校付近に十数本の滝があった。

「この滝に名前がついているの」

と、泰雄が児童たちに問うと、

「名前などない」

という。そこで、児童たちのアイデアを生かして一つ一つの滝に名前を付けて村役場に報告した。そんな活動を自らしながら各教師の授業を見て回った。

「教頭先生、教室巡りをしてきます」

「先生方が喜びます」

泰雄は五、六年生の教室に入った。

「梨絵さん、何を書いているの」

「昨日のことを日記に書いています」

「その日記、面白そうだね。少し読んでもいい」

「いいよ」

「ワラビ採り、バンドリの世話、ゼンマイ干しなど克明に書いてある。すごい日記だね」

「毎日あったことを細かく書いているだけです」

「梨絵さん、これは宝だ。校長先生はすごいものを見つけたよ」

「普通の日記です」

「先生は中学校では科学研究、小学校では作文指導に力を入れて来たんだ。科学研究では、県知事賞第一位を取らせることができたが、作文コンクールでは最優秀賞をもらわせることができなかった。いつも優秀賞止まりで今一歩指導不足であった」

「最優秀賞はどこの学校がとったのですか」

「毎年、佐渡の後山小学校がとっていた」

「すごい学校ですね」

「この梨絵さんの日記があれば、最優秀賞は取れるよ」

「私の日記、そんなに面白いですか」

「山の中の生活、子どもたちの過ごし方が克明に書かれてある。これを元に作文に挑戦してみないか」

「私は読書感想文は書いたことがあるけど作文は書いたことがないよ」

「作文の構想はこの日記を基に二人で練り、その構想に基づいて梨絵さんが書いてみないか」

「仕上げまでどのくらいの日数がありますか」

「作文コンクールには、梨絵さんが六年生になった時に出すから時間は十分にあるよ」

「半年かけてじっくりと書いてみます」

原稿用紙二十数枚の作文が完成した。山の中の子どもの生活が見事に表現された作品になって来た。

「梨絵さんが六年生になってもう一度読み直して書きたりないところは付け足し、余分なところは削って、読売作文コンクールに提出しよう」

と、いったんはしまいこんだ。そして梨絵さんが六年生になって再びワラビやゼンマイ採り両親や兄妹でしたことを見直して書き直した。そして読売つづり方コンクールに提出した。するとみごと県では最優秀賞になり、全国では第三位に入賞した。梨絵さん親子と担任が授賞式に参加してその喜びを次のように述べた。『作文を書いているときは辛い時もありましたが、私の日記を元に書いてゆきましたので、すらすらと書くことができました。校長先生から私の宝を見つけていただき、東京での授賞式に出席することができ、両親に最高の喜びを与えることができました。校長先生には心から感謝しています』と梨絵さんは喜んだ。

泰雄も梨絵さんのお蔭で長年の夢がかない、『梨絵さんありがとう』と感謝した。

四　僻地の子に喜びを

「冬になると山の中は遊ぶところがない。読書感想文やつづり方で児童たちが頑張ったのでご褒美にスキーに乗る楽しみを教え、広々としたスキー場で滑らせてあげたいなあ。教頭先生、良い方策はないですか」

「第四銀行に［愛の基金］があり、植林などに尽くしている学校に、十万円ほど寄付する制度があります。それを活用すれば児童をスキー場に連れて行くことができます」

「児童たちがワラビ採り、ふき採りをしています。その収益金もあります」

と、牛腸教諭が付け加えた。

「それらの資金を利用して磐梯山スキー場へ石川ＰＴＡ会長を講師にして連れて行こう」

「それには役場職員の石川氏の上司、石川村長の許可が必要です」

と教頭が言った。

「村長には石川会長に休暇を与えるように僕が掛け合うよ」

と、泰雄が村長室に行くと、

「よく来てくれました。読書感想文、つづり方と児童たちが大活躍しているので村民は喜んでいます。どうぞ石川君を使って下さい。出張旅費も村で持ちますよ」

と、村長は快諾した。児童たちは喜んで、

「皆と泊まりながらスキーできるなんて、校長先生うれしいです」

「良かったね」

「初めて広々としたスキー場で滑れるなんてこんなにうれしいことはありません。丸渕のワラビ山とは違うと思います」

「早く行きたいなあ」

と、児童たちは夢を膨らませた。学校の近くの山でスキーの練習を積んで磐梯スキー場へ出かけた。牛腸教諭が、

「準備体操をするぞ」

「初めてのスキー教室だから怪我人が出ないように十分に準備運動させて下さい」

と、菅原教頭が指示した。

「そう致します」

「先生、準備運動はもう十分です。早く滑りたいです」

と、児童たちは催促した。

「怪我をしないように体が温まるまで準備運動をしてから滑りましょう」

と、牛腸教諭は準備体操を十分にさせてリフトの前に立たせた。石川会長が児童たちに、

「落ち着いてリフトに乗るように、スキーのあまり上手でない人は私の後についてきて、自信のある人は校長先生の後について行きなさい」

と、二班に分けて指導することにした。いよいよリフトに乗って山の中腹を目指した。

「初めて乗るリフトは飛行機で空を飛んでいるような気持です」

「空中に浮いて動くもんねえ」

「でも下を見ると怖いです」

「そうか、そうか」

と、泰雄は児童たちの発する言葉に相づちを打った。リフトから降りると、

「怖いのはすぐ慣れました」

「よかった、よかった。これから滑るぞ。ゆっくり滑るから僕の後についておいで」

「分かりました」

「ボーゲンで降りていくぞ」

「校長先生、行きます」

「上手い、上手い。その調子で滑れ」

すいすいと滑って降りて行く子、何度も転んでは立ち上がり滑って降りてくる子、まちまちであったがどの子も目が輝いていた。

「校長先生、転ばないで下まで滑れました」

「すごいなあ」

「私は二回ほど転びましたが、スキーに自信が持てました」

「スキーで楽しむと冬の期間が短く感じるぞ」

「そうですね。今週はこのスキー場、来週はあのスキー場と楽しんで居ればあっという間に冬は終わります」

と、北川さやか教諭が付け足した。

「今度、両親に連れて来てもらいます」

「僕もそうするよ」

と、監物君らが言い、児童たちは十分に滑って楽しみ、国民宿舎に着いた。牛腸教諭が、

「スキーとストックはきちんと並べて置きなさい。汗をかいた人もいるのでこれからお風

呂にはいります。その準備をするように」

「はーい」

児童たちがお風呂に入っている間に職員と石川会長は磐梯スキー場に児童たちを連れて来た成功の祝杯をジュースで上げた。児童たちは、

「泊りがけのスキー教室は楽しいです。国民宿舎の温泉もご馳走もとても美味しいです。また来たいです。校長先生、来年も連れて来て下さい」

と、児童たちは喜んだ。その時、用務員から泰雄に電話が入った。

「校長先生、どか雪で校舎がつぶれそうです」

「積雪はどのくらいになったのか」

「校舎の屋上に出て調べようとするが積雪が多く戸が開いても外に出れない状態です」

「雪を少しずつ取って積雪を調べてくれ」

「戸を開けて調べると二一〇センチです」

「大変だ。校舎は鉄筋だが限界は二〇〇センチだ。すぐに住民に呼びかけて雪下ろしを要請してください。僕が葡萄中に勤務している時、大雪で校舎が潰れたことがある」

「分かりました。住民へ連絡をします」

と、用務員の気転で校舎を守ることができた。

五　地域にうちとけて

「教頭先生、この上川村の特に優れた産業はなんですか」

「素敵な和紙作りがあります」

「和紙か、児童が頑張っているから私も何かしようと思う。卒業生の卒業証書を村で作られる和紙に僕が直に書いて渡したいがどうかね」

「素晴らしいお考えです」

「筆字は下手であるが印刷より良いと思う」

「村には習字教室があります」

「そこへ通い始めようか」

と、泰雄は入門した。

「私は七名小学校の校長です。よろしくお願いします」

「私は公民館長の加藤です。習字教室の講師で床屋をしています。これから自己紹介してもらいます」

「石川夫妻がお世話になっている貴子の姉の芳江です」

と、習字教室に通って来ている十名が次々と自己紹介して習字の練習を始めた。その三か月後、貴子が、

「校長先生、お年寄りが冬期間、何もすることがないのです。昔はわらじやてごを冬仕事に作っていましたが、今は誰も作りません。呆《ぼ》け防止に習字を習いたいと言っています。習字教室が開かれている役場まで出て行くのは大変ですから、学校で習字教室を開いてほしいと地域の年寄りが言っています」

「指導者はどうします」

「指導者は、校長先生にお願いします」

「僕が？　習い始めたばかりだよ」

「習字教室に通うお年寄りは、全然筆を持ったことがない人ばかりです。是非お願いします」

「引き受けるが、世話役がほしいですね」

「私がします」

おばあさん方十名と世話役の貴子が毎水曜日の夜、学校に集まって来た。筆の持ち方から入り、一、二と書く字の練習から始めた。

芳江の夫・勝男は、村の教育委員をしていた。習字教室を見に来た勝男が家に遊びに来るように誘った。泰雄が雪融けを待って遊びに行くと、

「良く来てくれました。上がってお茶でも飲んで下さい」

「飯豊連峰が見えて景色のよいところですね」

「この三階原は私たちが新天地を求めて開墾したところです。ここで収穫した米を是非食べてみて下さい」

「炊き立てのおにぎりです」

と、芳江が持って来た。

「これがまた美味しいですよ」

「本当に美味しいおにぎりです」

「この三階原に水を引くと言い出した時は笑われました。川からポンプで上げる訳ですから住民は想像もつかなかったのです」

「今から三十年も前の話ですものね」

「ところが二段階に分けて水をくみ上げると住民は納得し、その時から水を川からくみ上げて開墾し何か所も田圃を作るようになったのです。生活は苦しかったけれど若かったのでバリバリ仕事をしました。しかし田圃だけでは食べられないので会社に入って働いたけれど、ボーナスがないのです」

「だから子どもはボーナスの出る公務員にしたかった」

と、芳江が付け足した。

「俺の娘は小さい時から教師になりたいと夢を持っていました。それで大学に行かせたのですが採用試験を受けても不合格、どうしても選考試験の論文が書けないと悩んでいます」

「論文ですか。私も悩んだ時がありましたが、書くコツを見い出してからは楽になりました」

「そのコツを指導してくれませんか」

「分かりました」

と、引き受けた。娘の和子が講師をしている学校に行き、観察すると虫好きである。子どもが捕まえて来た虫と遊び、語り合っていた。教師の素質を十分に備えていた。これを論文に書き表せば合格である。泰雄は、それを素直に書かせることにした。

「和子さん、教師の採用試験はどんな問題が出ても、教師と子どもの関係である。共に汗して学び合う姿を論文に書くのがコツです。今、子どもたちと虫を見て遊んでいたでしょ。その遊びを通して如何にして子どもを育てるかを書くと合格するよ。一度書いて私に見せなさい」

「ありがとうございます。よろしくお願いします」

和子が書いた論文が届いた。教師に反発していた子どもがカマキリを観察していた。和子もそっと脇で見ていると、小さなオスが餌を持っていく。まごまごしているとメスに捕まって食べられた。子どもは驚いてそれを和子に告げた。それがきっかけとなり子どもが和子と話すようになり理科好きの児童になっていく様子が述べられていた。

「和子さん、素晴らしい論文だよ。これなら必ず合格する」

と、泰雄は返事を書いた。和子は翌年合格した。そして上越地方の学校へ採用された。それが縁で泰雄と勝男夫妻とは長い付き合いが始まった。

六　児童に問題が生じたら

「校長先生、家の雪子がまだ帰って来ないのですが」

と、心配そうに雪子の父親が泰雄を訪ねて来た。

「どこへ行ったのですか」

「それが分からないのです」

「それは大変です。もう、夜の九時です。全職員を招集して探させます」

泰雄は臨時に全職員を招集して説明すると担任の坂井教諭が、

「姉なら何か知っているかもしれません」

「それなら姉と連絡を取り話を聴いて下さい」

坂井教諭が姉と会って話を聞いた。

「黙っていたのですが山倉の敏夫君の家かもしれません」

「どうして敏夫君の家に行っているのですか」

「私が以前敏夫君と付き合っていた時、私の家に良く遊びに来てくれました。雪子にお菓子や果物を土産に持ってきてくれたので兄のように慕っていました」

「分かりました。すぐに敏夫君の家に行って来ます」

菅原教頭と坂井教諭が山倉の敏夫君の家に行くと雪子がいた。

「私、敏夫さんの家から帰らない」

と、雪子は言い張った。

「何を言っているのですか。お父さんもお母さんも心配している」

と、教頭が無理に連れもどした。翌日北川女教師が雪子と話し合った。

「雪子さん、あんなに遅くまでどうして敏夫君の家にいたの」

「敏夫さんはお姉ちゃんの恋人だったので家へ時々遊びに来ていたの。その度にお菓子など買ってきてくれて優しいから私もだんだん好きになったの。お姉ちゃんに新しい恋人ができてから急に仲良しになり、時々敏夫さんの家に遊びに行くようになったの。昨日は敏夫さんの両親が新潟に出て留守なので泊まるつもりで行ったの」

「お父さんとお母さんに内緒で」

「言うと叱られるから」

「雪子さんのお腹に赤ちゃんが出来て居ると大変だから正直に話してね。敏夫さん雪ちゃんの体に触らなかった」

雪子ははじめ黙っていたが、不安そうな顔になり話し出した。

「あちこち触られたよ」

「正直に話してくれてありがとう」

北川教諭は教頭に事の次第を報告した。

「ご苦労さんでした。校長先生と相談します」

菅原教頭が泰雄に北川教諭の話を告げた。

「妊娠していると一大事、親の了解を得て新潟の産婦人科に北川教諭と一緒に雪ちゃんを連れて行き、診察してもらって来て下さい」

「午後行って来ます」

診察の後、菅原教頭が帰って来た。

「妊娠はしていませんでしたが、一度や二度ではなく数回の性行為があるそうです」

「それは大変だ。青少年育成保護法及び条例に抵触している。山倉の敏夫君の家に行って話し合って来る」

泰雄は敏夫の家を訪ねた。

「こんばんは」

母親が出て来た。

「何用ですか」

「七名小学校の校長ですが、敏夫君おられますか」

「居ませんがもうすぐ仕事から帰ってきますのでお待ち下さい」

敏夫が仕事から帰り泰雄の顔を見て脅えた。

「昨晩、雪子さんがこの家にいたことから、今日新潟の産婦人科に行って調べてもらったら、数回性交渉があったことが分かりました。法に触れるのですべてを正直に話して下さい」

「俺はもう二十五歳、姉と結婚するつもりで付き合って来たのですが、姉に別な男が出来て別れてしまった。すると雪子が『私をお嫁にして』と言うもんだから『中学校を卒業したら結婚しよう』と約束して二人で仲良くやって来たのです」

「女性が結婚できるのは十六歳以上、雪子さんはまだ十二歳になったばかりです。結婚するにはもう四年もあります」

「俺は四年間待ちます」

「しかし性行為はしてはいけないことです。妊娠したら大変です」

「俺はそのことを考えて妊娠しないように注意してやってきました」

「しかし以後、結婚するまでは雪子さんを愛しているなら性行為は慎むようにして下さい」

「分かりました」

と、泰雄は敏夫と話し合った後、上川村の教育長宅を訪問して今までの経過を報告した。

「大変なことです。津川署に行って対処してもらいましょう」

と、泰雄は教育長と津川署へ行って署長と会った。

「強姦したとか、お金をやったとか、被害届があれば事件になり、すぐ逮捕できるのですが、二人とも結婚の約束をして結び合っているのですから逮捕と言うわけにはゆきません。上川村は特に嫁不足で昔から若いうちに約束事をして性行為を黙認している節もあります。二人の将来を考えて今後四年間、時々署員を訪問させて指導して行くように致します」

「そのようにお願い致します。それが一番良い方法です。四年後二人が結婚できれば、これに越した喜びはないのです」

「お二人の希望がかなえられるように署員にしっかりと指導させてゆきますからご安心下さい」

七　大滝PTA会長の町長選出馬

ＰＴＡ会長から山北町議会議員になった大滝から泰雄に電話が入った。

「先生、村上にいつ帰りますか。相談したいことがあります」

「今週の土曜日には帰ります」

「笹川流れの松屋で待っています」

「分かりました。必ず伺います」

泰雄が大滝に会うと夫婦同伴で来ていた。

「次の町長選に立候補したいと思うが、先生のご意見を伺いたいのです」

「立候補の目的は何ですか」

「山北町の人口が年々減っている。働く場もない。何とか活性化したいと思っているのだが」

「現町長に勝つ見込みがあるのですか」

「選挙をやってみないと分からないが町議会議員の半数は味方に付くと思う」

「貴方は政治感覚も素晴らしいものを持っていますし、ＰＴＡ会長として人を引き付ける力も見せてくれました。実績を積み上げる努力もします。是非、なってほしいと思いますが、負けて政治生命が無くなるようなことはしないで下さい」

「もう一期、待ったらと主人に言うのですが、今がチャンスと言い張るものですから」

「出るからには頑張る。先生は、私の政治センスを買ってくれますか」

「政治センスは大いにあると思います」

と、三人は語り合い飲んで別れた。

「三枝子、今日、大滝氏に会って来た」

「何で」

「町長選に立候補するそうだ」

「応援するの」

「現山北町長は教頭時代の事務職員の父である。事務職員には色々と世話になった」

「二人が対決したらどうするの」

「大滝氏は山北町を活性化するために立候補するそうだ。私的な感情より、公的なことに組みすべきだと思う」

「ただし、貴方は教育公務員です。政治的中立は守らなければならないでしょ」

「幸い、今、東蒲原郡上川村に行っている。二人の対決を静かに見守ろうと思う」

と、静観していると大滝の支持母体が膨らみ、勝てそうな空気が山北町に漂い始めた。投票一週間前に大滝から明るい声で泰雄に電話が入った。

「先生、票を数えてみると三百ほど勝てそうだ」

「油断大敵、最後の最後まで気を緩めないようにしないと負けますよ」

「大丈夫です」

「このようなこともあろうかと住民票は山北から移してありません。投票日には山北町に出向いて貴方に清き一票をいれます」

「ありがとう」

「当選を楽しみにしております」

その一週間後、投票を済ませて開票結果を待った。大滝は必ず当選すると思ったが、三百票の差で負けたことがテレビで流れた。

Ⅲ　指導主事兼管理主事

一　教育委員会の職員として

　泰雄は、七名小学校勤務を終わり、村上市教育委員会の指導主事兼管理主事になった。教育長は渋谷氏であった。渋谷教育長が若い頃、泰雄の父・浩とはあまり仲が良くなかった。それは渋谷氏が村上地方の教職員人事を一手に動かした人の秘蔵子であったがゆえに、浩は良い感情を持っていなかった。それを泰雄は良く知っていた。だから常磐会同期の仲間に、

「年始回りは渋谷氏の家に行こう」

と呼びかけた。

「いいなあそれは。これからいろいろと指導を受けなければならないし」

と、仲間から賛同を得て若い頃からよく飲みに行った。

「よく来てくれた。上がれ、上がれ。お母さん、お酒を用意してくれ」

「同期で押しかけて申し訳ありません」

「我々も先輩をよく尋ねたよ。迷惑かけるのも先輩思いの一つだ」

と、渋谷氏は歓待してくれた。また指導もしてくれた。懐の大きな人であった。

「私が常磐会十期の会長になりました。私たちも教員になって三十周年を迎えることになり記念式典を開催します。つきまして、先輩のお話を聴くのが式典の最大の行事です。先生からご講話をお願いしたいと思い伺いました」

「もっと適当な人がいるだろう」

「先生は県の中学校校長会長をしました。私たちは指導も受けました。私たち十期の三十周年記念の講師には先生以外考えられません」

「そうか、そのように言ってくれるなら引き受けよう」

「私たちも教員になって三十年です。是非、先生が歩んだ苦労話をお聞かせ下さい」

そのようなことがあって、泰雄は渋谷氏とつながりを持ち、かつ同年代の校長が村上地域にいなかったことから、村上市教育委員会に引き抜かれて指導主事兼管理主事になった。

「指導主事兼管理主事の仕事って何をするの」

と、三枝子が聞いた。

「指導主事は、学校における教育課程、学習指導、その他学校教育に関する専門事項の指導に従事するし、管理主事は学校における教職員の配置に関する事務を担当する。そして教育長の意向を校長に伝え行政と学校が一体となって学校経営するようにするのが役目だ。村上市の場合最も重要な仕事は、授業改善のための教師への助言だ。週に三日は、各学校を訪問して、授業を見せてもらい指導しなければならないし、十月からは校長会と連携して教職員の配置を考えなければならない」

「大変な仕事ですね」

「事前に指導案を読んで勉強し、どのようにしたらもっと楽しく児童生徒が学習できるか授業を分析して指導するのだから大変だよ」

「体を壊さないようにしてね」

泰雄は仕事に慣れて順調に進んでいたが、小川小学校の国語の研究会で、四十分の講演を頼まれて壇の上に立った。四十分間くらいは、すらすらと言葉が出てくると、自信を持ってメモも持たずに壇に立って話し出した。ところが二十分ほどすると、話すことが無くなってきた。無いと思うと、心が焦る。頭が真っ白になり、言葉に詰まった。何十秒か沈黙が続く。焦れば焦るほど頭は真っ白になり、何も出てこない。これで終わりにしますと壇を下りようと思った。その時、国語の授業の基礎基本を思い出した。

「今日の授業の良いところは、児童によく読ませ、児童もすらすらと文章を暗記するほど読んでいました。だから、文章に即しながら自分のイメージを広げて語ることも、他の児童の言わんとすることも良く分かり楽しい授業になったのです」

と話したことが糸口になり、課題の持たせ方、重要語句の扱い方などすらすらと言葉が出てきた。途中で降りないで、役目を果たしたと思って泰雄は安堵した。

二　問題を抱えた学校には決断と実行

渋谷教育長が退任して、横井教育長に代わった。金八先生などの影響もあり、日本のあちこちの中学校が荒れ出し、その波が村上市の岩船中学校にも訪れた。現場を見に行くと、屋上から机を投げつけられた。

「校長先生、三階の屋上から机や椅子が投げつけられました。危なかったです」

「どうしたらよいか悩んでいます」

「学校を正常化するには、暴れる生徒に対し男子職員全員で集団指導して下さい。男子職員の団結が大切です」

「分かりました。男子職員に集団指導させます」

「そのように実践すれば、必ず立て直すことができます。よろしくお願いします」

と、話し、安心して教育委員会に戻る途中、ひらせという大型店に寄った。すると、

「いらっしゃいませ、今日の新製品は○○です。お買い得ですから是非お買い上げ下さい」

と、大きな声を出している女性がいた。見ると、村上南小学校時代に指導した緘黙児まさよさんであった。まさよさんがこんなに立派になってと感動しつつ、岩船中学校の生徒も粘り強く指導すればまさよさんのように蘇《よみがえ》ると思った。それを願いつつ教育委員会に戻る

と、校長から『職員が反対するので、男子職員の集団指導ができません』と電話が入った。また岩船中学校へ戻り直接職員と話し合った。

「教育委員会の方針通りにことを運んで下さい」

「職員が団結して生徒に暴力を振るうんですか」

「教職員が体を張り、力を合わせて生徒たちの前に立つのです。暴れる生徒は二三人です。それを取り押さえて威圧することによって生徒は暴れなくなります」

職員は黙っていて誰も沈静化させる方策を話そうとしない。それで泰雄は生徒たちと直接話し合った。すると、

「こんなに面白い学校は無い」

「勉強が出来なくても面白いのか」

「好きな時に弁当は食べられるし、勉強はしなくてもいいし、こんなに愉快な学校はない」

「勉強できないと悩んでいる生徒もいるぞ」

「そいつらは良い高校へ進学したいだけだ。我々低能児は勉強しても分からない。だから教育委員会は来ないでほしい」

「皆もそのように悩んでいるのか。分かる授業をするように先生方に話すよ」

「我々の先公は、楽しく分かる授業はできないよ」

「そんなことはない。素晴らしい先生が揃っている」

「俺はテストを受けると、何時も零点だ」

「俺もだ。それが分かる授業かい」

「零点を取らないような授業をするように先生方に話すから先ず静かに授業を受けてくれ」

「いやだね」

と、職員と生徒に話しかけても解決の道が見えずに苦しんでいると、その夜、音楽室の窓ガラスが二十数枚割られた。もう限界であると泰雄は思った。警察に連絡しなければならない。学校独自で立て直すことできないと判断し、教育長と相談した。横井教育長は、

「怪我人が出ると大変だ。警察と相談した方がよい」

と、決断し、泰雄は村上警察に行った。岩船中学校の実情を署長に正直に話した。

「分かりました。ガラスを割った犯人を取り押さえるために捜査に入ります。それを手がかりに教師や生徒に暴力をふるった生徒の事情聴取を行いましょう。ただし学校の協力も

必要です。暴力を受けた教師は勇気をもって名乗り出るようにして下さい」

「分かりました。協力するように学校を指導致します」

と、泰雄は学校に協力を申し入れたが、『私が生徒に打たれました』と名乗り出る教師は出て来ない。

「先生方の協力がなければ、この学校の暴力は収まりません。生徒から殴られた先生は勇気を出して名乗り出て下さい。この学校を立て直すにはその職員の勇気にかかっています。是非、協力して下さい。お願いします」

と語り掛け、泰雄が校長室で待機していると、

「私が殴られました」

と一人の女教師が名乗りを上げに来てくれた。すると、

「私も殴られました」

「私は蹴られました」

と申し出が出て来た。

「これで、警察も事情聴取が取りやすくなります。ありがとう」

この申し出を手がかりに村上警察署は事情聴取を取り始めた。

「三枝子、警察の威力は凄い」

「どのように」

「今まで学校で生徒が暴れていても見向きもしなかった親たちが自分の子が警察に呼ばれることを恐れて立ち上がり、今まで学校の壁や戸、窓ガラスを壊してきた所を修理し始めた」

「なるほど」

「村上警察は教師や生徒に暴力を振るった生徒を一人ずつ三から四時間、徹底的に事情聴取を行った。すると職員もそれをきっかけにして真剣に生徒対策に取り組み始めた。村上警察の指導と保護者の協力で落ち着きを取り戻し、正常化に向かい始めた」

「良かったわ」

「だが、教師集団が一枚岩ではない」

「どうするの」

「教育長と相談して人事異動を大幅に行うよ」

翌日、泰雄は教育長室に入って行って、

「教育長、人事異動で校長と教頭を一挙に替えるのは学校運営上良くないと言われていますが、荒れている学校の場合は特別です。学校正常化のために行いますがよろしいですか」

「思い通りに断行しなさい」

「ありがとうございます」

と、泰雄は県教委とも相談して校長、教頭を一気に代え、大幅な人事異動を断行した。生徒指導に実績を持つ校長になると見違えるほどの学校に変化していった。「校長が変われば、学校が変わる」、これは本当の言葉だと泰雄は思った。校長は地域住民と会話を行い、生徒にコミュニケーション能力を育て、部活を活発にすることによって成果を上げて行った。

三　敦子と再会

泰雄は学力向上を目指してもう一人の指導主事と二人で週に三日ほど学校訪問して指導要領に即して授業の在り方を指導して回っていた。かつて教頭として勤務した大川谷小学校の訪問を終えて、食堂でコーヒーでも飲もうと寄ると偶然にも教師の無知から不登校を起こさせた敦子に会った。晴々とした顔である。店員とにこやかに話し、食べ物を注文していた。不登校になったあの苦しみから、今日のような敦子にどのようにしてなったのか不思議に思った。その訳を知りたいとも思った。もともと頭の良い子であった。自分の生き方を自ら決し、生きて行く強い意志の持ち主だと思っていた。

「敦子さんじゃない」

敦子の顔が曇った。しかし、

「教頭先生、しばらくぶりです」

「敦子さん、元気になってよかったね。小学校時代は苦しんでいたものね。あの時、敦子さんの気持ちを理解してあげられないでごめんなさい」

「私も夏休みの宿題をできなかったことを正直に先生に言えば良かったのですが言えなかったのです」

「それは当たり前です。誰でも親の離婚はいえません。教師はそっと貴女に寄り添って貴女の話を聞くべきだったのです。貴女の不登校は学校の責任でした」

「でも、お父さんとお母さんが話し合って私たちが行き来できるようになったので親や教師に反発していてもばかばかしくなり、将来大検を受けて大学へ進学するつもりです」

「そうか。敦子さんの元気な姿を見て安心しました。是非、大学へ進学して楽しい学生生活を送って下さい」

「頑張ります。私は担任教師と母親に反発したけれど、近頃教師になりたいと考えるようになりました。それは私の不登校の経験を生かして、子ども一人一人に色々の事情があり、それを理解してあげられる教師になりたいからです」

「貴女は自分の経験を生かして、素晴らしい教師になると思います。是非、頑張って下さい」

と、励まし、泰雄は食堂を出た。

Ⅳ　中学校長

　泰雄は村上市教育委員会に三年勤務して関谷中学校の校長に異動した。四月一日は日曜日でどんよりとした雲が空一面に広がっていた。泰雄は教頭を呼んで学校に入り、校舎を見て回った。するとその時、下越地震が起き校舎がグラグラと揺れた。

「教頭先生、校舎に破損がないか調べて教育長に報告して下さい」

「すぐに行います」

「新任校長の学校では、辞令をもらっていないので、業務についていない校長が多くいた。貴校の校長は勤務したのですか」

と、教育長が尋ねた。

「私と一緒に学校を見て回りました」

「被害状況を調べるのに苦労していますがありがたい報告です」

そんな再出発の関谷中学校であった。教育目標は「自ら考え、自立できる生徒」を継続し、『日本一の中学校を造ろう』を掲げ、学習指導、生徒指導とも順調に推移していた。

一　破壊行動を起こす生徒

ところが、母親が村上市の男性と再婚して、それまで本校の柔道部員として活躍していた横田が母親の再婚で村上市に転校して行った。

「校長先生、転校した横田は母親の再婚先で『お前は家の子ではない』と義理の祖父母から言われ、ひねくれ出しているそうです。家に泊まらず、橋の下で寝ることもあると聞いています。悪い仲間と触れ合わなければいいのですが」

と、教頭が心配そうに泰雄に言った。

「それは大変なことだ。転校先の校長と話し合うよ」

と、連絡してみると、

「有職少年と付き合うようになり、酒にたばこに女のことまで経験したようです。私たちの学校では手が付けられず悩んでいたところです」

「私の学校に居た時は柔道部員で新人大会で優勝するなど活躍していたのですが」

「環境に馴染めず、お年寄りからも阻害されてぐれて行ったようです」

「根は良い子ですのでよろしくお願いします」

と、相手の校長と電話で話した数日後、教頭が、

「横田は時々転校先から実家に遊びに来ています。かつての仲間と色々と話し合っていて、その影響が本校にも出始めました」

「それは大変だ。自分の中学校時代を振り返っても友だちによって大きく左右される」

「転校した中学校では手に負えず、また本校に帰って来ると言う話です」

「帰ってきたら優しく手を差し伸ばしてやろう」

と、泰雄が教頭と話し合っていたら横田が帰ってきた。前の純心無垢な横田ではなかった。すぐに仲間を集め、弱い者いじめを始めた。学校の中を闊歩《かっぽ》して来賓用のスリッパを履いてわざとバタバタと歩いた。校長室の前を校長に挑戦するかのように闊歩していた。

「横田、校長がお前に話がある。校長室に入れ」

横田はドアを蹴飛ばして校長室に入って来た。

「スリッパは来賓用に用意してある。だから使用しないように」

「くそ校長、何を言う。これは税金で買ったものでみんなのものではないか」

「学校に来られる大切なお客様用に備えてある。横田のために玄関に置くのではない。中学生は運動靴を履くことになっている」

と、泰雄が話すといきなり灰皿を泰雄めがけて投げつけ、校長室を出て行った。泰雄は身をかわして灰皿をよけた。

「教頭先生、授業中だが、男子職員全員に緊急招集をかけて校長室に集めて下さい」

「男子職員の皆さん、緊急事態が発生しました。大至急校長室に集まって下さい。女子職員は各学級の生徒管理に当たって下さい」

と、教頭が緊急放送を流すと全職員が指示に従った。

「横田を呼んで注意したら、灰皿を投げつけて出て行った。全員で横田を捕まえて連れて来て下さい」

男子職員十数名で横田を捕まえ、校長室に連れ出すと横田は小さくなった。

「横田、校長に灰皿を投げつけるとは気でも狂ったのか。悪いと思ったら謝りなさい」

と、泰雄が言うと、

「すみませんでした」

と、小さな声で囁《ささや》いた。

「来賓用のスリッパを今後どうする」

「スリッパは履きません」

「以前、柔道部で活躍した横田に戻れ。あんなに良い生徒だったではないか」

「すみませんでした。今後、気を付けます」

と、横田は校長室を出て行った。この様子が全校生徒に伝わり、横田の指示に従って、いじめ、悪さをしていた生徒も少しずつ落ち着き平和な学校になって行ったが、元の静けさを取り戻すのに三か月を要した。

「先生方、横田は村上で義理の祖父母から嫌がらせを受けて生活が荒れたが、根は正直で良い子です。粘り強く指導して下さい」

「全力で指導に当たります」

と、生徒指導主任の山田教諭が誓い、横田の生活態度も次第に向上していった。ところが、高瀬温泉に勤めた酌婦の子・幸一が転校して来ると、共に行動するようになった。泰雄は教頭と生徒指導主事を呼んで実状を聞いた。

「教頭先生、幸一はどんな生徒ですか」

「幸一は、悪さはしないが毎日二時間ほど遅れて登校し、授業が嫌になると抜け出して別室で煙草を吸っているようです」

「何処で吸っているのだね」

「生徒指導主事の報告ですと教室の天井裏にアジトを作って、そこで吸っているようです」

「そうなのか、生徒指導主事」

「そうなのです。私も困っています」

「火事にでもなったら一大事だ。母親に会おう」

「よろしくお願いします」

泰雄は田村PTA会長に相談した。

「田村PTA会長さん、困ったことが起きています」

「困ったこととはなんですか」

「学校の屋根裏にアジトを作り、煙草を吸っている生徒がいます。その親と話し合いたいのですが」

「その親とは？」

「最近高瀬温泉に酌婦として勤めている人です」

「あの人か。校長先生一人では危ない」

「だからお願いします」

と二人で幸一の母親の置屋に予約して母親と一緒に飲むことにした。夕方になり、温泉のネオンがちらほら輝き始めた頃二人は旅館に向かった。

「こんばんは、校長先生の予約なんて、何かあったのですか」

「いや、特別何かあった訳でもないが一緒にお酒を飲みたくてね。迷惑でしたか」

「最近あまり仕事が無いので、中条まで行っているのです」

「それは大変ですね」

「朝帰りをする時もありますので、倅の幸一は、朝飯を食べずに学校に行く日が多いのです。幸一が、学校へ行くのは、勉強のためではなく、学校給食が目当てです」

「お母さんが食事の世話をしてやらないと幸一君は可哀相です」

と、泰雄が言うと、

「私もしてあげたいのですが、帰るのが遅いために寝坊して、幸一には迷惑をかけています」

「母親なのだから、幸一君の世話はしないといけないよ」

と、田村会長が付け加えると、

「しなければならないと思っているのですが、なかなかできないのです」

「実は幸一君が学校の屋根裏で煙草を吸うのです。それを真似て横田も屋根裏で吸うようになりました。学校が火事にでもなると大変です。お母さんから注意してほしいと思いましてお会いした訳です」

「やはりそうですか。幸一は小学校三年から私の真似をして煙草を吸っていました。もう中毒になっていて止められないと思います」

「それじゃ、家では吸っても、学校では吸わないようにお母さんからよく話してあげて下さい」

「私の話など聞きません」

「学校でも話しますから是非お願いします」

「分かりました。言ってみます」

「未成年が煙草を吸うと脳が侵されます。医師に診てもらって中毒を治療する必要もあります」

「それも考えてみます。煙草を吸うと苦くなる薬があると聞いていますから」

「親なのだから、お願いします」

と、田村会長が付け加えた。

「今日は初めてお会いしてお願いをしましたが、せっかくの楽しい時間、一緒に飲みましょう」

「校長先生ってさばけているのですね」

「僕も小中学校時代は悪たれ坊主でした。だから、幸一君たちの気持ちが分かるのです」

「話の分かる校長先生で助かりました。幸一には学校では煙草を吸わないようにきつく話しておきます」

「今日はお母さんとお会いできて良かったです。機会を作ってまた飲みましょう」

「こちらこそよろしくお願いします」

と、母親は包み隠さず、自分の生活の大変さを赤裸々に話し、泰雄も幸一の煙草について学校が困っていることを十分に話した。泰雄は横田や幸一親子の指導を加えながら学校作りをする方策を練った。

二　不登校の生徒

横田や幸一の指導をしながら佐田の不登校も問題になってきた。泰雄が何回も家庭訪問して分かったことは、佐田は母親・登美子べったりの生活をしていた。

「お母さんが子どもを可愛がり過ぎるのではありませんか」

「そうなんです。小さい頃は兄がいるので、私が兄を可愛がり、父親が次男を可愛がっていました。ところが父親が亡くなると私に甘えるようになり、私が兄を可愛がると嫉妬することがありました」

「子どもは親の愛を敏感に感じます。佐田君は寂しかったのです」

「私も幼い時に父親を亡くしましたので可哀相に思い、甘えさせてきました。最近甘えを拒否すると暴れるんです」

「それは大変です。体も大きくなっていますし」

「暴れないように体を摩ってやると静かになったのですが、最近は私の布団の中に入って来て甘え、私を求めるのです」

「許してはいけませんよ」

「私が拒むと狂ったようになり悩んでいます」

と、登美子は泰雄に正直に話した。これは校長だけでは解決できる問題ではないと、泰雄はすぐに村上保健所に相談に行った。すると、保健婦が、

「大変な問題です。保健所では解決できません。警察に相談して下さい」

「ありがとうございました。村上警察に伺います」

と、泰雄は村上警察に行き署長に相談した。

「暴れたら、村上警察に電話するように母親に伝えて下さい。我々はすぐに行動しますから」

「ありがとうございます。これから母親に会って警察に電話するように話しておきます。電話が入ったらよろしくご協力下さい」

泰雄は佐田を立ち直させるには警察の力を借りなければならないことを登美子に話し

た。登美子は受け入れ、佐田が暴れ出した時、落ち着いた隙を狙って村上警察に電話を入れた。村上警察はすぐに警官五名を派遣した。佐田は押し入れに立てこもって抵抗した。

「校長先生、佐田は警官に取り押さえられて精神病院に搬送されているそうです」

と、教頭から泰雄に報告があった。

「良かった。これで立ち直れる」

その後、泰雄が佐田の家を訪問すると登美子が、

「校長先生ありがとうございました。次男は半年間くらい入院治療をすれば立ち直るそうです」

佐田は治療を受けて再登校するようになった。薬のせいか、顔がむくみ、目がうるんでいた。それで泰雄は教頭と生徒指導主事を呼んで対策を話した。

「認可は受けていないが緊急事態解決のために、横田、幸一、佐田の三人は特別教室で生活指導中心のカリキュラムを作って指導します。指導は教頭、教務主任、三年の学年主任兼生徒指導主事にお願いします」

「大変ですが頑張ります」

と、教頭が答えた。

「卒業まであとわずか、楽しい思い出を作ってあげて下さい」

「私も学年主任も柔道が好きですので彼ら三人と柔道をしながら指導します」

と、教頭が応え、指導に当たった。

「毎日のように問題が生じて大変ね」

と、三枝子が泰雄に言った。

「問題もあるが、一般の多数の生徒たちは部活動で活躍し、郡市大会で優勝する部もある。県大会でテニス部は準優勝して、北信越大会に連続出場する」

「それは楽しみね」

「田村PTA会長はじめ保護者と一緒に僕も応援に富山へ行って来る」

「保護者は喜んでいるでしょう」

「寄付集めが始まったよ。生徒会が張り切っている」

「生徒会が活発なのは良いことね」

「音楽部のリコーダーも県大会で連続最優秀賞に輝いて全国大会に出場する」

「全国大会ですか」

「全国大会は埼玉だ」

「お金がかかりますね」

「村では喜んで出してくれる。生徒会が張り切っているから寄付金も集まるし」

「ところで生徒の学力の方は伸びているの」

「今一歩足りなかった。全国学力テストでは、新潟県の平均点をやや下回った。学力より生徒指導を優先して、生徒が明るく楽しく学校生活を送れるように心砕いていたから。本来なら学力向上と生徒指導は一体であるのだ。楽しい授業、分かる授業は生徒を変えるはずだ。それを教師に求めているが実現は難しい」

「諺に『二兎追うものは一兎も得ず』とあるから、生徒が夢中になっている部活動や生徒会活動の活性化が最優先でいいと思うわ」

「それで不登校の生徒の指導は校長に任せておけと先生方に語り、家庭訪問を続けている」

「不登校の生徒の家庭訪問も大変ね」

「不登校の生徒四名の指導で発見したことがある」

「何ですか」

「不登校の生徒同士で話し合わせると、結構話が弾むのだ」

「どんなことで」

「三年生の聡子の家に遊びに行き、聡子に不登校の生徒に電話をかけさせると結構話あっているのだ」

「どのような話をしているの」

「何時に起きたとか、夜、テレビを見ているとか、新発田に買い物に行って来たとか、結構話題があった」

「それは学校から電話をしても出ない生徒なの」

「そうだよ」

聡子は、頭は優秀だが、担任の女教師に叱られたのをきっかけに、教師に反感を持ち不登校になったと言われていた。ところが良く調べてみると母親に好きな男ができ、駆け落ちしたことから人間不信に陥り不登校になっていた。それで泰雄は、時々聡子の家に遊びに行った。祖母が、

「校長先生が遊びに来てくれるので助かります」

「聡子さんたちと話し合うのが楽しいのです」

「聡子、校長先生が来てくれたよ」

「今、降りて行く」

と、聡子は二階から降りてきた。

「聡子さん、スキーに行かないか」

「誰とですか」

「学校を休んでいる生徒たちとさ」

「面白そうだね。リフト代などどうするの」

「それは僕に任せておけ」

「校長先生がおごってくれるの」

「村のスキー場だから教育長さんに話してみるよ」

「ただならみんな行くと思うよ。千里さんに電話をしてみる」

「聡子さんが電話をかけてくれると、皆、喜んでスキーに来ると思うよ」

「あの人たちも悩んでいるから、来るかも知れませんね」

と、彼女は積極的に不登校を起している生徒の家に電話をかけた。

「もしもし、聡子だけど千里さんいますか」

「居ますよ」

「用事があるから電話口にお願いします」

「待っていてね」

「千里、聡子さんから電話だよ」

「千里です。なあに」

「不登校の生徒だけでスキー場に行かないかと校長先生が言うんだけどどうする」

「リフト代はどうするの」

「校長先生が教育委員会に掛け合ってくれるって」

「ただなら行ってもいいよ」

「私も久しぶりにスキーに乗りたいし、行こうね」

「行くよ」

「校長先生と日時が決まったらまた連絡します」

「やるなあ聡子さん。先生は聡子さんのようにはできないよ」

「同じ悩みを持っているから話し安いのです」

聡子は同じようにして他の生徒にも電話を入れてスキーに誘った。

「これから教育委員会に行って来るさ」

と、泰雄は聡子と別れて田村ＰＴＡ会長に電話した。

「不登校の生徒とスキーを楽しみたいのだけれど、リフト代を教育委員会に出してもらうために一緒に教育長に会ってもらえませんか」

「いいですよ。何時にします」

「今なら一番都合がいいのですが」

「俺も空いているよ」

「では四時にお願いします。それまでに教育委員会のアポを取っておきますから」

泰雄と田村会長が教育委員会にゆき、不登校の生徒を治療するためにリフト代を出してくれるように頼むと、教育長が、

「リフト代なんて安いものです。是非、生徒を連れて行って下さい。ところで不登校の生徒は来るのですか」

「不登校の生徒同士なら来るのです」

「指導者はどうしますか」

「私です。山の学校でかなり腕を上げましたので彼らと滑れます」

「その分お金がかからず助かります」

「私は生徒と遊ぶのが大好きですから」
聡子がスキー場に行こうと呼びかけたのは四名であったが、三名が参加した。一般の生徒と一緒なら不参加であるが、不登校を起している生徒同士ならお互いに呼び合って聡子、和幸、千里がやって来た。男子生徒の饅頭屋の次男は不参加であった。その生徒はバスケット部で生徒同士のトラブルから不登校になったのであるが泰雄が、訪れても顔を見せることもなかった。ただ、聡子の家でその子の父親と時々話をし、酒を飲み交わして家庭での情報を得ていた。四名でスキー場に行き、
泰雄「怪我するといけないから良く準備体操をしてから滑ろう」
聡子「体が硬くなっている。運動しないと体はなまるね」
和幸「体がギスギスするよ」
と、登校しない反省を自ら語っていた。
泰雄「準備体操を十分にしたから、このくらいでいいでしょう」
と、滑り出した。生徒たちは常に体を動かしていないのでぎこちなく滑る。滑るとすぐに転んだ。すると互いに駆け寄って起してあげていた。
泰雄「滑《なめ》らかなコースをゆっくりと滑ろう。そうすれば転ばないから」

聡子「校長先生、転んでお尻を付くのも冷たくて気持ちがいいです」
和幸「滑ると風をきり、どんどん景色が変わるので楽しい」
千里「スピードが出るとスリルがある」
と、滑りを楽しんだ。
泰雄「先生の後について滑ってこい」
と、やや急な斜面を滑り降りると、
和幸「行くよ」
三人は必死に泰雄の後に続いて滑った。一時間ほど滑って、
泰雄「休息小屋に入ってコーヒーでも飲もうか」
聡子「先生のおごりですか」
泰雄「コーヒーぐらいおごるよ」
聡子「うれしいなあ」
普通の生徒たちと同じようにわいわい楽しんでいた。田村会長から泰雄の携帯に電話がかかった。
「スキー教室の成果はどうですか」

「お蔭さまで皆、楽しんで居ます。今、休憩を取りコーヒーを飲んでいます。これからリフトに数回乗って滑り、その後帰ります」

「怪我をしないようにお願いします」

「生徒はかなり滑れるので安心して下さい」

と、このようなスキー教室を数回繰り返したが、聡子も他の生徒も登校はできなかった。

「教頭さん、不登校の根は簡単には治療できないものですね」

「でも、校長先生がそのように生徒に接してくれるので我々は学校の授業中心にまい進できるので助かっています」

「粘り強く指導に当たって行くさ」

「よろしくお願いします」

泰雄は不登校の生徒だけ通う学級を公民館に作ったらどうかと考えた。教育長に話して一室を借りた。そこに聡子を中心に通わせると彼らは通って来た。教育委員会では指導助手を雇ってくれた。午前中の二時間ほど学習させることができた。

泰雄が聡子の家を訪問すると、

「校長先生、私、舞子になりたい」

「え、舞子に。どうして」

「高校へ進学して英語や数学を勉強しても楽しくないし、テレビを見ていたら舞子さんも結構習いごとがあり面白そうだから」

「お父さんはどう言っているの」

「お前の好きなように、と言ってくれています」

「聡子さんは美人だから舞子さんは似合うかもね」

聡子は京都に見習いに出かけた。一週間の見習い期間を無事終えて泰雄に刺繍の入ったハンカチを土産に買って帰って来た。

「私、見習いをちゃんとしてきました」

「聡子さんは、思っていたより大人なんだ」

「私は卒業したら京都へ行って舞子になります」

と、聡子は中学校を卒業と同時に京都に行った。泰雄は問題を起す生徒の心理を知りたいと思った。そこで、新潟心理学会に入会した。会のリーダーは相馬先輩で彼はリンゴ園、ブドウ園を造り、その手入れを不登校や非行を起した児童生徒たちにさせて、心の再生に尽力していた。

「相馬先生は実践的に指導されておられますので私は感銘を受けました。先生の指導を受けながら、自校の生徒の問題行動に対処して行きたいと思っています」

「先生のお話を聞くと、佐田君は医師の治療継続が必要ですし、母親自身の教育も大切です。村の保健婦とも連絡を密に取りながら対処して行くことが重要です。横田君は幼い頃の母親の愛情不足を引きずっています。それを満たしてやる必要があります。幸一君は母親の親としての自覚不足が原因です。子どもを産み、夜の仕事をしている人は沢山います。子どもを産んだからには責任を持って育てなければならないことを指導しなければなりません」

　泰雄は相馬先輩の指導を受けながら問題を持つ生徒の指導に当たりながら定年退職を迎え、次の校長に引き継いで退職した。

Ⅴ　定年退職

一　高校の非常勤講師

泰雄は、定年退職すると、『専門を生かして村上桜ヶ丘高校から非常勤講師になってほしい』と依頼があり勤めた。高等学校長が、

「現役時代はご苦労様でした。今度、私の村上桜ヶ丘でよろしくお願いします。先生は林業科一年の生徒に生物を教えて下さい」

「承知しました」

「私の学校は進学校ではありませんので、楽しい理科の授業をお願いします」

「そのように務めます」

泰雄は中学校長時代には、金髪に染めて来る生徒が気になったのに、高校では何にも気にならない。高校とはそういうところだと思うと気にならない自分を発見した。ところが、携帯電話が生徒に普及し始めると、授業中に電話の音があちこちでなり授業にならなかった。

「授業中に携帯が鳴ったら、電話機を取り上げます。切るか、マナーモードにしておいて下さい」

「先生、あまり固いこと言わないでよ」

「あちこちで電話の音がすると授業にならないだろう」

「向こうから話したいとかかって来るんだよ」

「電車でも携帯は切るかマナーモードにして下さいと呼びかけている。ましてや授業中だぞ。マナーは守らないといけないよ」

と、泰雄が話しかけた。少しは減ったがあまり効果がなかった。それで実験を主体に授業をした。生殖の単元で、

「精子を見たことがありますか」

と、問うと、

「ない、ない」

「実験に提供する生徒はいませんか」

「自分のものをですか」

「そうだよ」

「恥ずかしい」

誰も手を上げる生徒がいなかった。泰雄の精子を顕微鏡で見せると活発に動き回る様子を見て生徒は、

「動く、動く。先生、すごいわあ」

「すごい数だ」

「精子がこのように活発に活動することから、男子が女子を求めて活動するのは、自然の成り行きなんだよ」

「……」

「このように無数の精子の中から一個が卵子の中に入って受精する。何万分の一の確率で一人の人間が誕生する。卵子に選ばれた一個の精子以外は死滅する。別の精子が選ばれて

いれば別の人間が生まれる。だから人間として生まれたからには、死滅した精子のことも考えて精一杯頑張り生き抜かねばならないのです」

「……」

「皆さんは丁度女子生徒に興味関心を持ち、心惹かれる年です。それは自然の成り行きです。しかし、誰でもいいというわけにはいかない。自分の性格を見つめ、自分を知って、自分に合う恋人を探さなければならない。それは女の人も同じです」

「……」

と、実験を通して難しい性教育の指導をすると、生徒は真剣に耳を傾けて聴いていた。泰雄は高等学校の授業の面白さを知った。具体的な実習や実験をさせると生徒は興味を示した。そしてその時から携帯電話の音は消えた。

「泰雄先生、夏休みに理科教師仲間で旅行しませんか」

と、渡辺教諭が話しかけて来た。彼は物理の教師で、自転車で旅行するマニアであった。

「いいですね。どこへ行きますか」

「先生の希望地はありますか」

「皆さんに任せます」

「磐梯山にパラグライダーの教習場があり、お金を出すと基本から教えてくれて飛べるところがあるのですがいかがですか」

「パラグライダー、乗ってみたいですねえ」

「外の二人も希望しているのでそこに決めましょう」

「空を飛ぶのが楽しみです」

夏休みに入り、磐梯パラグライダー教習場に着いた。教官が、

「今日はみっちり基本練習です。基本が身に付いたら空を飛んでもらいます」

「パラグライダーをどのようにして装着するのですか」

と、泰雄が聞くと、

「パラグライダーを持って磐梯山の中腹まで歩きます。そこで、パラグライダーを開いて身に付け、走ることから練習します」

「舵はどうするの」

「左右に紐がありますから、右に曲がりたいときは右の紐を、左に曲がりたいときは左の紐を引くと自然に曲がります。最初に私が乗りますので見ていて下さい」

参加した五名の職員は教官の真似をしながら五、六メートル走って十メートル飛び、

五、六メートル走って二十メートル飛ぶことを何回か繰り返しながら下へ降りて来た。
「渡辺先生、面白いねえ。この旅行大成功です」

「油断すると大怪我をしますので気を付けて下さい」

「若い由美先生、どうですか」

「空に浮いた時は何とも言えない気分です」

「佐久間先生はいかがですか」

「地上で受ける風は気持ちがいいですね。明日は基本ができてかなり飛べるようになると思います。楽しみです」

磐梯山の中腹から三回ほど走って飛んだ。右に左に曲ることを覚えて一日目は終わった。夕食が始まり感想を述べあった。渡辺教諭が、

「皆さんが喜んでくれたのでこの計画を立てて良かったです」

「生まれて初めてパラグライダーに乗ったけど素晴らしい経験をしました。今まで乗っている人を見たことはあるのですが、僕が乗ってみようという気持ちは起きませんでした」

と、泰雄が言うと、佐久間教諭も、

「私もそうです。実際にやってみるとあまり怖くありませんね。指導が上手いです。明日

が楽しみです。鳥のように飛んでみたい」

次の日も晴天に恵まれてパラグライダー練習場へ向かった。教官が、

「皆さんはかなり上手になりましたので、今日はもう少し高さを上げて、上から飛んできます。私の後に続いて来て下さい」

と、山の頂上近くまで登った。ここは七名小学校時代に児童を連れてスキーに来たところだ。あれから八年、あの子たちはどうしているだろうか。読書感想文で最優秀賞をもらった監物君や作文で最優秀賞を取った梨絵さんを思い出した。教官が、

「ここから飛びます」

「怖い」

と、由美先生が脅えた。泰雄は我に返った。教官が、

「あれだけの技があれば大丈夫です。怖い時は昨日と同じように走っては飛び、走っては飛んで降りて下さい。行きますよ」

と、教官が飛んだ。

「僕から行くよ」

と、泰雄が飛び出した。渡辺教諭が、

「気を付けて下さい」

「大丈夫です」

と、泰雄は十メートルほど走ると体が地面から浮き地上二十メートルくらいの所を右に左に下に向かって飛んだ。

「由美先生、会津若松の町や猪苗代湖が見えます。鳥になったようだ」

「私も行くわ」

と、飛び立ち、

「本当だ。猪苗代湖が真下に広がっている」

「右に曲がって下さい。次は左に曲がって下さい」

と、教官から声がかかった。地上から二十メートルの高さの所を右に、左に曲がって下に向かって五百メートルくらい飛んで降りた。

「すごいねえ」

「この感動忘れられないわ」

と、由美先生は喜んだ。全員三回ほど飛んで帰りの車の中で泰雄が、

「佐久間先生は二十七歳で独身、由美先生は二十三歳。素敵なカップルだと思うけどな

あ」

と、泰雄がささやいた。

「先生、冷やかさないで下さいよ」

「僕も大学時代は女性が沢山いたので結婚はいつでもできると思っていたけど、就職していざ結婚となるとなかなかいなくて困ったよ。佐久間先生は困っていないの」

「私も適齢期なので親から早くするように勧められているのです」

「ここにこんなに素敵な女性がいるでしょ。アタックが大切だよ。由美先生、どうですか」

「……」

「由美先生が無言なのは、佐久間先生の努力次第だよ。渡辺先生、そのように思いませんか」

「僕もそのように思います」

と渡辺教諭が支援した。すると佐久間教諭が、

「お話、ありがとうございます。あとは二人で話し合いますから今日はこの話は終わりにして下さい」

「旅行も楽しかったけれど、また先に楽しみができました」

と、泰雄は希望を持った。

泰雄は次の年、村上女子高等学校に勤務し三年生に化学、二年生に地学を教えることになった。化学は大学時代に後期試験を受験するために学んだことを基にできるだけ実験を取り入れて指導することにしたし、地学は葡萄中学校の教諭時代に生徒と白土の研究をしたことがあり、それらを組み入れたり、地学実習は泰雄がかつて理科センター時代に調べた浦田山の成り立ち、瀬波砂丘の成り立ちを中心に学習を進めた。また太陽や月の観察、星の観察をプラネタリュームで行い、暦ができた理由なども学習させた。

「浦田山とはどこにあるのですか、先生」

「瀬波温泉のお湯が出ているあの辺一帯の山です」

「お湯はなぜ出るのですか」

「海水や雨水が地下に浸み込みそれがマグマで熱せられて噴き出ているのです」

「お湯の温度は何度くらいあるのですか」

「九十八度くらいです。だから地殻の近い所まで鳥海火山帯のマグマが上がってきていることが分かります。鳥海火山帯がどこまで広がっているのか地図帳で調べてみよう」

と、いうような形態で授業を進めていた。ところがテスト問題が易しかったために生徒全員が高得点をとったのでそのまま通信簿に乗せることになったら他の教科とのバランスが取れず、校長から平均点が六十点くらいになる問題を作って下さいと指導を受けた。その時は平均点が八十一点であった。しかし今、冷静に考えると教えたことをテストするのであるから八割できるのは当然のことであった。

二　父親の死

泰雄の父・浩は年老いて痴呆《ちほう》になり、部屋を一歩出て座敷に行っても自分の部屋に帰れなくなった。

「親父、どうしたの」
「俺の部屋どこだった」
「こっちだよ」
「最近、トイレに行って大便をしても、手で拭き、そのまま部屋へ帰って来るようになって来たの」

と、妻・芳枝が嘆いた。

「僕の顔を見ても『お前、誰だっけ』と言うようになったよ」

「痴呆がかなり進んでいますね」

「倅の泰雄だよと言うと『ああ、そうか、大学は楽しいか』と言う返事が返って来た」

「かなり進んでいますね」

「でも『お前は自慢の倅だ』とほめてくれたよ」

「貴方のことはいつも誇りに思っていましたよ」

「そうか。僕がやんちゃな頃、叱らないでじっと我慢して見ていてくれたもんなあ」

「そんな優しいお父さんだったけど、私もお世話で疲れます。ディーサービスにお願いしましょうか」

「それがいいよ」

と、泰雄は義母と相談して週に二日ディーサービスに浩をお願いした。浩は喜んで通っていた。浩が通う二日間は、芳枝の安らぎの日になった。泰雄は芳枝に、

「ディーサービスは週二回だから僕が高等学校の勤務がない時は親父の相手をして過ごす

よ」

「そうしてくれるとありがたいです」

「親父、外へ散歩に出ようか」

と車いすに乗せて家の周りを回って畑に着いた。泰雄が作ったトマトを採って渡すとかぶりついた。

「美味いトマトだ」

「子どもの頃、岩船の石川へ釣りに連れて行ってもらったから今度僕が釣りにつれて行ってやるよ。フナがつれるといいね」

「フナか、戦後食べ物が無くてフナを釣ってたべたなあ」

「神納山で笹の実を採ったことを覚えている？」

「笹の実って？」

「笹になった実でそれを粉にして笹の実団子を食べたでしょ」

「そんなことあったかなあ」

「その時、お母さんがマムシを見つけ、お父さんが捕まえて皮をむき、干して食べたこともあったよ」

「思い出した。あのマムシ美味かった」

などと話し合って過ごしていたが、泰雄が授業を終えて研究室に戻ると携帯電話が鳴った。

「お父さんが倒れ、救急車で肴町病院に運ばれました。病院に行って下さい」

と、三枝子から連絡があった。

「今、授業も終わったところだ。すぐに病院に行くよ」

と、泰雄が病院に駆け付けると診察中であった。浩の脳はレントゲンで撮影すると脳細胞はほとんど委縮していて無かった。浩は入院して五日目の朝五時に天国へ召され九十二歳で天寿を全うした。泰雄が朋に『親父が亡くなる時、お前に何か知らせがあったのか』と聞くと『何も無かったよ』と答えた。浩の脳は委縮して脳内麻薬が出て電波を出す力も無くなっていた。

父の葬儀も無事終わり安どしていると、パラグライダーに乗って楽しんだ佐久間教諭から手紙が届いた。『先生お元気ですか。私はこの春の異動で転勤し、別の高等学校で生徒たちと楽しく過ごしておりますが、昨年の夏、旅行で由美先生のことを話して下さって本当にありがとうございました。あれがきっかけとなり、私たちは付き合うようになって、この度結婚することになりました。先生が実質的な仲人でありますので是非結婚式にはご出席下さい』と書かれてあった。泰雄は『おめでとうございます。是非、出席させて下さい』と返事をした。

Ⅵ　小さな島の教育長

一　粟島浦村へ

　泰雄が高等学校で教鞭をとっていると粟島浦村の脇川助役から会いたいという電話が入った。

「助役さん一人と思っていましたら、村長さんもおられるのでびっくりしました」

「大切な話なので村長にも出席してもらいました」

「昨夜、高校の教職員の送別会があり二日酔いで頭がガンガンしていたのです。緑茶を飲んで、頭痛を和らげて参りました」

「急な話で申し訳ありませんでした」

「浦田山でワラビ採りやキノコ狩りをした仲間の送別会でしたので、つい飲み過ぎてしまいました」

「先生は、お酒は好きなほうですか」

と、神丸村長が聞いた。

「嫌いではありません」

「酒を飲みながら話を進めますが、村には教育長に相応しい人がいません。それで教育長になってくれる人を探しています。元、粟島の校長をした人に相談しましたら先生を推薦してくれました。粟島に来てくれませんか」

「私は、市町村合併の必要性を村上新聞に連載しています。市町村合併推進者です。それでもよいのですか」

「わしも、粟島だけでは生きていけないと考えています。七市町村が合併しなければ迫り来る老人福祉社会には、対応できないと思っています。島は急激に老化が進んでいます。島の人に、合併の必要性を教えてやってほしいと思います」

「村長の言う通りです。子どもの数がへり、老人社会が急速に進んでいます。漁師も六十五歳以上です」

と、脇川助役が付け足した。

「県知事が市民トークで来られた時に、市民の代表の一人として、市町村合併の必要性を訴えました。市民は老齢化して人口が減っていくが、役所の職員の数は減らない。今、七市町村の職員が合計で千三百人います。人口は約八万人です。市町村職員は八百人で十分に機能しますが五百人も余計に採用されています。退職金と給料の人件費で市町村の財政は次第に逼迫《ひっぱく》して行きます」

「その通りです。先生のご意見を聞いて、益々粟島には必要な人だと分かりました。是非、教育長として粟島に来て下さい」

「家を離れての生活には、少し不安もありますが、私の祖父の兄が二代目、その子が十代目の粟島浦小の校長をしました。縁がありそうです」

「校長先生親子を良く知っています。わしが小学校時代の校長が十代目の校長でした」

「職員住宅もありますし、食べる所は民宿を用意します」

と、助役が付け足した。

「皆さんの力をお借りして、教育行政を粟島でやってみるのも面白いと考えます。是非お願いします」

と、泰雄は粟島に渡った。

二　交流と研修の場作り

泰雄は神丸村長の話を引き受け粟島浦村に単身赴任した。三月三十一日、波穏やかな日であった。岩船港から船に乗り、港を離れるに従って船のスピードが上がった。春の日差しが海面を照らしきらきらと輝いていた。トビウオが船と競走して海面を飛ぶ。その距離は二十数メートルもある。これからこの船に乗って何回も行き来するのだと泰雄は思った。四月一日教育委員五名が集まり泰雄が教育長に選任された。選任されて間もないある日、島の観音様にお参りに行った。そこで老人クラブ会長の本保氏に会った。

「今度、島に教育長として赴任して来た泰雄です。よろしくお願いいたします」

「俺の弟も本土で校長していました」

「分かります。乙中学校の本保校長でしょ」

「そうだ。ところで教育長、粟島には島独特の文化があり、漁具、民具がある。それらを集めて資料館を造るつもりでいたけれど、造れずに昔の教員住宅に溜《た》めこんである。是非、教育長の力で資料館を造ってもらえないか」

「保存してある昔の教員住宅を見せて下さい」

「今、行ってみますか」

「お願いします」

昔の教員住宅を覗いてみると資料が保存されてあった。

「本保さん、漁具、民具の保存状態が最悪です。カビが生えています」

「だから、急いで資料館建設に取り掛《か》からなければならないと思っているのです」

「村長と相談してみます」

夕方になると村長から、

「おい教育長、もう仕事を止めて、乙姫の湯に行こう」

と、電話がかかってきた。

「分かりました。すぐ行きます」

「風呂上がりの缶ビールは美味しいからなあ」

「今日も休憩室でやりますか」

「風呂上がりに缶ビールを飲みながらの世間話は楽しいから待っている」

「ありがとうございます」

乙姫の湯は、神丸村長が地方創生資金で掘り当てた三十二度の温水を沸かして四十二度にした温泉であった。泰雄と村長はゆっくりと湯に入った後で缶ビールを飲みながら話し込んだ。

「この温泉ができる前はタイやブリの漁期が終わると、高瀬温泉に湯治に行ったものだが、今はこうして島にいながら毎日湯治ができる」

「この温泉のお蔭で島の人はどれだけ恩恵を被っているかはかりしれませんね」

「観光客も民宿に風呂があるけれど散歩しながら入りに来るよ」

「僕が大学時代に来た粟島と今の粟島では生活レベルが全然違います」

「昔は貧しい村であったが、今は年に観光客が約五万人来る。豊かになったよ」

「その観光客に島の文化を見せる資料館を造りませんか」

「前々からその話はあるのだ」

「島の人たちと話し合ってみると、かなりの人たちが資料館の必要性を感じています。貴重な漁具、民具、昔の写真がかなり保存されています。しかし保存状態が最悪です。きちんと展示できる資料館の建設を考えてみませんか」

「資料を集めていたことは知っていたが、保存状態が悪いか。建設を考えねばならないなあ。それに島は雨が降ると、観光客はどこへも行けない。雨の日は島のことを学習できるような資料館がほしいと思っていたのだ」

「島の歴史や文化を知った上で島めぐりをすると一層楽しい島めぐりができます。村長、建てましょう」

「そうだなあ。造ろうか」

「島には村上にない素晴らしい歴史や文化があります。それを後世に残す資料館を建設しましょうよ」

「分かった。造ろう」

「村長の同意を得て心強くなりました。近いうちに田中直樹、真紀子夫妻が島に来られるそうですね。直樹氏が建設政務次官です。夕食を共にした折に、資料館の必要性を訴えましょう」

「建設には良い機会だなあ」

田中直樹政務次官、真紀子夫妻が来島した。当時真紀子氏は衆議員を辞職していた。直樹氏の力で建てた電波塔を視察した後の夕食会で泰雄は、

「田中先生、粟島には佐渡とは違った独特の文化があります。資料は保存してありますが保存状態が良くありません。資料館を造って保存する必要があると考えて居るのですが、お力をお借りできませんか」

「かなり資料もため込んであるのです」

と、神丸村長が付け加えると、

「資料館か、それはいいねえ。島を活性化するために国としても政策を練っているところだ。県と相談して計画を上げるようにしなさい」

「ありがとうございます」

「教育長、県の市町村課に行ってよく相談したらどうだ」

「指導を受けて参ります」

と、話がまとまった。すると真紀子氏が、

「教育長は私の父が逮捕された時に励ましの手紙を下さった方でしょ」

「そうです。教員が今日の給与を頂《いただ》けるようになったのは田中角栄元総理大臣のお陰で

す。特に小中教職員を準裁判官並みの給与にしなければならないと頑張ってくれたお蔭です」

「父は小学校卒でしたから特に義務教育教職員を大切にしたのです」

と、話が弾み、田中夫妻は帰えられた。その翌日、真紀子氏は再び衆議院議員に立候補することを宣言し復活した。泰雄は村長から言われた通り県の市町村課に行くと職員は、

「毎年、佐渡からは補助金の申請計画が上がって来ますが、粟島からはここ十年間ありませんでした。粟島から上げてほしいと思っていたところです」

「粟島独特の文化財資料が集められていますが、それを観光に生かす道はないかと相談に来ました」

「離島の人たちと都会の人たちが交流して、共に理解しあえる施設の建設補助金があります。それに応募したらいかがですか。私たちも一生懸命に支援します。是非、頑張って欲しいと思います。ただし文化財について説明したりする職員が一人必要です」

「学芸員は村長と相談して一人採用してもらいます」

「お願いします」

「粟島は、縄文時代から蝦夷が住み、いつの時代からか蝦夷と松浦族が共に仲良く内浦に

住んでいたのですが、鎌倉時代になると本保族が石川方面から入って来たようです。武力に勝る本保族が内浦に住み、松浦は釜谷へ、蝦夷は島の北端へ押しやられ、蝦夷はいつの間にか滅んでしまいました。しかし、蝦夷言葉が地名として沢山残っています」

「よくご存じですね」

「学生時代に調査で伺ったことがあるのです」

「粟島について詳しい方にお会いできて良かったです」

「粟島には敬語がないのです。俺とお前の世界です。それは板一枚が天国と地獄の世界で生きている民の証でもあるのですが」

「村長に対しても俺とお前で話しています」

「しかし、本保本家は目の神様、脇川本家は火の神様、神丸本家はお産の神様を祀っています。祀られてある神様を島の人たちは拝むことによって、三家に尊敬心を表しているのです」

「お話の通りです。それで粟島がたどった歴史と文化をこのように観光客と話し合うことは面白いことですね」

「そうなのです。補助金で資料館建設に向かって頑張りましょう」

「今日は有意義なお話ができて、かつ励ましていただいて本当にありがとうございました。島に帰って学芸員の確保と建設計画に取り掛かります」

と、泰雄は県庁を去り、蝦夷時代からある八所神社、鎌倉時代からのやす突き観音、本保家、神丸家、脇川家三家が祀っている神様の模型を展示する計画書を作った。これが建設されれば島の信仰心と為政者の関係、神仏信仰の歴史が分かる。漁具、民具を展示すれば、島の生活が理解される。これらを基に粟島の人と観光客が交流し合うことができる。

その施設を造ろうと泰雄は、

「村長さん、資料館建設の計画書ができました。見て下さい。市町村課に行ってお願いと言うより励まされて帰って来ましたが、文化財展示の資料館ですので学芸員が一人必要です」

「職員の採用か。厳しい財政の中では難しい問題だ」

「僕の下で働いている職員を異動させてそこに入れたらいかがですか」

「この島に来てくれる学芸員が居るかどうかだ」

「僕の責任で探します」

「来年、退職者が一人いる。その交代で入れることが出来そうだ」

泰雄は資料館建設について教育委員会を開いた。

「長い間、懸案だった資料館建設の目処が立って来ましたが、学芸員がいないことが問題です」

「私の兄の子が学芸員の資格を持っています。就職するところが無く生命保険会社で働いています」

と、松浦委員が言った。

「耳寄りな話です。是非島に呼んで下さい」

「その子は島が大好きです。喜んできます」

と、学芸員の問題も解決し、県の指導、直樹氏の支援で資料館建設の運びとなり二年間で一億五千万円の予算が付いた。

「村長、建設の運びとなりました。ありがとうございました」

「教育長の熱意だよ」

と、喜んでいると東京からすぐに建設業者が駆けつけ、このような資料館が良い、あのような資料館が良いと工事を請け負う宣伝活動が始まった。

「教育長、業者には十分に注意しなさいよ」

「仕事を取るための活動はすごいものですねえ」

「食うか食われるかの戦いだよ」

「そうですねえ」

「建設にあたっての基本は錆びない木造にし、岩船産の木材を使用すること、入札などの複雑な仕事は総務課に任せることです」

「そうしていただくと助かります」

泰雄は業者の説明会を開いた。

「業者の皆さん、こんにちは、良くお出で下さいました。これから資料館を建設する趣旨を説明します。建設の目的はこの島の歴史と文化財を展示してそれを土台に、都会の人たちと島の人たちが語り合い、互いの理解を深め、観光客を呼び込み、島の観光産業発展に役立つ資料館を建設したいのです。また地場産業育成のために、地域の杉材を使用した資料館にしたいと考えています。加えて児童生徒や住民が学べる図書館を備えたいのです。この建設方針の趣旨を踏まえて設計書を作って下さい」

「大謀あみの模型や島で作られた舟なども展示すると良いと思います」

「アイディアありがとうございます。それらも踏まえた設計書をお願いします。入札事務は、総務課長、助役にお願いしてあります。理想とする設計計画を作って来年の三月までお送り下さい。業者を選び、ご連絡します」

「展示と建物建設の業者はどうなっていますか」

と業者から質問が出された。

「設計図が出来ましたら建設と展示は別々に入札にかけます」

と、説明会も終わり設計事務所、展示業者、建設業者が決まりお寺の前に資料館が建設された。すると住民は、

「教育長、今まで雨が降ると観光客は行くところが無く民宿で休んでいるだけであったが、資料館が出来たら、そこで観光客は島の人たちと民謡［さっこい］を歌ったり、島の歴史を勉強したりできるので大変喜んでもらっています」

と、感謝された。

三　島の児童生徒の食生活を考えて

泰雄は月に一度、学校と必ず打ち合わせ会を持ち、連絡を密にした。三月の異動の時期になると本土では若い女教師は、

「なぜ、私が離島の粟島へ行かなければならないの、他の人はいないの。粟島には行きたくない」

と泣きそうな顔で管理主事や校長に言う。

「採用時の念書に三年後にはどこへでも赴任しますとあります。三年頑張ってくれれば、必ず県は責任を持って平場へ異動させますから」

と、県教委からなだめられ、泣きながら赴任した女教師が三年過ぎて帰る時には、

「人生の中で最高に楽しい時間を持てました。島の皆さんには感謝しています」

と言う。

「良かったですね。それはなぜですか」

と、泰雄がたずねると、

「島の人の純朴さ、優しさに触れて心が洗われました。また、サザエを採り、釣りをして楽しみました。教師を慕ってくれる児童生徒と遊び学びました。それらが最高の思い出となりました」

と帰って行く。僻地展開で異動して来た養護教諭は、

「教育長さん、粟島の児童生徒たちには肥満が多いです。健康管理はどうしたらいいでしょうか」

「どうしたらよいか先生の案を提示して下さい」

「後ほど提案します」

「待っています」

養護教諭は週一回大学から派遣されて来る歯科医師に肥満解消について相談した。

「先生、教育長から言われたのですが、島の子どもたちの健康増進・特に肥満解消にはどうしたら良いでしょう。案を提出するように言われました。相談に乗って下さい」

「栄養のバランスと運動をすることです」

「児童生徒はお昼になると昼上がりをします。好きなものを腹いっぱい食べてきます。どのような食生活をしているのか掴めません。せめて週二、三回の学校給食があるといいのですが」

「教育委員会に働きかけて、学校給食を始めるようにしたらどうですか。それを機会に児童生徒と親に栄養と運動の話もできますし」

「学校給食実施を教育長に話してみます」

「新たに施設を造ったりすると、経費が大変です。保育所で作っている給食の量を増やして学校に運ぶとできそうですよ」

「それは素晴らしいアイディアですね」

養護教諭が教育委員会にやって来た。

「教育長さん、大学から来られている歯科の先生と話し合ったのですが、保育所の給食を増やして学校給食をすることはできませんか」

「釜谷から来ている児童生徒は、毎日弁当を持ってきている。内浦の児童生徒は家に昼上がりをする。それでは問題があると僕も思っていた。何とかできないか考えたいが、助役や村長とも相談してみるよ」

「是非、お願いします」

泰雄はまず脇川助役の同意を得るために、

「助役さん、学校から児童生徒の肥満対策として学校給食の話がでてきましたが、今後、粟島にも一人暮らしの老人が増え、弁当を配給しなければならない時代が来ると思います。その準備として学校の児童生徒に保育所の給食施設を使って弁当を作り、食べさせては如何ですか」

「昔、パン給食をしていたけれど児童生徒の人数が減って採算が合わなくなり止めてしまった。しかし新たな問題が生じて来たので村長とも相談してみるよ」

脇川助役は村長室へ行った。

「教育長から相談を受けたのですが、島の子どもの体力向上と肥満対策、そして一人暮らしの年寄りを支援する弁当給食を始めたいのですがいかがですか」

「場所と職員は？」

「保育所の給食施設を使い教職員の食事担当職員を手伝わせます」

「家の孫もやや肥満だしそれは良い考えだ。資金については、総務課長と相談して推進するように。それは島民からも喜ばれるぞ」

四　養護教諭を支援して

「先生、先生のお陰で弁当給食が開始される運びになりました」

と、養護教諭が歯科医師に語り掛けた。

「それは良かった」

「歯の健康ですが、長い間、粟島では大学の支援でフッソ洗口を実施しています。お蔭さまで虫歯になる児童生徒が少なくて助かっています。週に一度来られる先生に治療していただいておりますので虫歯の子は一人もいません」

「それは島の誇りでもあり、私たち歯学部のフッ素洗口推進の誇りでもあります。養護教諭の先生が熱心に児童生徒と取り組んで下さるお蔭です。これからも協力、よろしくお願いします」

「こちらこそご指導よろしくお願いします」

「先生は優しく、教育にも熱心です。敬服しております。先生のような人が粟島に来てくれて、島の人も喜んでいますよ」

「まだまだ努力は足りないのですが、そのように言っていただいてありがとうございます」

「今度、新潟でお茶でも飲みませんか」

「いいですね。私は来週帰ります。その時連絡致します。先生の連絡先の電話番号を教えて下さい」

　学校の運動会も終わり波静かな初秋の土曜日、養護教諭は新潟に帰り二人は喫茶店で落ち合った。

「良く来てくれました」

「私も先生とお話できるのを楽しみにしていたのです」

「先生と協力して島の子たちの医療に携わっていますと楽しいです」

「私も先生には助けられています。先生のお蔭で歯の健康優良校に選ばれましたし、学校の弁当給食も開始されました」

「先生の熱意です。急にこのような話をするのは不謹慎だと思いますが、私も三十二歳になりました。そろそろ嫁さんをもらわなければならないのですが、なかなか見つかりません。私を助けてくれませんか」

「私も三十歳に近づいております。島に勤務しておりますとお付き合いする機会もありません。先生のお話はありがたいのですが粟島にもう一年勤務しなければなりません」

「いくらでもお待ちします」

「ありがとうございます」

「今度、帰られた時にまたお会いしましょう。その時返事を聞かせて下さい」

「よろしくお願いします」

と、養護教諭は返事をした。そのことを泰雄にも告げた。

「それは良かった。二人の恋が成就するように支援する。一年後は必ず希望する地区へ異動させるので頑張りなさい」

「ありがとうございます」

五　児童生徒のための人事異動

「校長先生、人事異動の季節が来ました。七年以上勤務している教師は異動の対象になります。元教育長職務代理の奥さんが十年間、島に勤務していますがどうしますか」

「県の方針に沿って異動させましょう。長年勤務していますから学習指導の力も落ちて来ています」

「校長先生のご意見通り異動させましょう。しかし、小さな子どもが居り可哀相だよなあ」

「乳飲み子でもなく、旦那さんが可愛がっておりますので大丈夫です」

と、村上市に異動させた。異動した学校では学級指導で苦しんだ。長い間少人数学級で指導していたために多人数学級の指導ができなくなっていたのだ。研修の良い機会を与えたと喜んでいる間に三年の歳月が流れて、島に戻すことになった。ところが校長が、

「彼女は、ピアノが弾けないのです。どうしても中学校の音楽と、入学式、卒業式、文化祭には音楽を指導できる教師が必要です。待ってもらうわけにはゆきませんか」

と、泰雄に相談した。

「彼女を採るか、児童生徒の指導を採るかだ。校長先生ならどうする」

「島の児童生徒の教育が第一です」

「どのくらい待ってもらえば受け入れ可能になりますか」

「今年度異動する音楽指導のできる教諭の代わりには音楽指導のできる教師を入れなければなりませんので、今年は受け入れできず、来年は小学校で移動する教員がいません。二年待ってもらいたいと思います」

「計、五年家を離れることになるなあ」

「教職公務員であれば島の子どもたちの為に我慢してもらうことも必要です」

「小中で教職員十人もいてピアノを弾けないのか」

「中学校は教科担任制ですし、小学校教諭に頼って来たのです」

「彼女には小さい子どももいて、家族が離れ離れの生活は可哀相だが、島の児童生徒の教育も大切だよなあ。島の教育が第一とするか」

「教育長さんがそのように考えて下さると助かります」

「よし、校長先生が言われるように島の子どもたち全体の教育が第一と考えて決断しよう」

一月の海は波高く欠航する日が多いので、泰雄が人事異動会議で出張し、村上の自宅で出航を待っていると三枝子が、

「お父さん、県から電話ですよ」

「分った」

「本庁の管理主事です。人事異動ではお世話になっておりますが、粟島へ帰りたい教諭を引き受けてくれませんか。三年の平場勤務を終えて『島にどうしても帰りたい』と言っています。小さな子どももいるのです」

「引き受けたいのですが、そうすれば粟島浦小中学校には音楽指導のできる教師が誰もいなくなり、卒業式、入学式、文化祭、中学校の音楽指導が出来なくなるのです」

「困ったなあ。教師が小中で十人もいるのにピアノを弾ける人が居ないのですか」

「それがいないのです。中学校は国語、数学、英語、理科、社会と免許を持っている教師を入れなければならないし、小学校で中学校の音楽二級免を持っている教師がいないと島の音楽教育はできないのです。彼女が、音楽指導が出来れば喜んで戻せるのですが、できないために戻せないのです。今年度出る教諭は、中学校二級の音楽の免許を持ち、小中の音楽を一手に引き受けていました。それで入れる教諭もやはり中学校の音楽の指導ができる人でないと受け入れることはできないのです」

「そうか。困ったなあ。しかし、異動の権限は県にあるから」

「県は一人の教師の異動と、今後二年間に亘って音楽教育のできない粟島浦小中学校とどちらが大切と考えますか」

と訴えて、結果は泰雄と校長が考えた通りになった。

六　島民の心の豊かさを生かして

(一)　島独自の演芸会

泰雄は粟島民謡会の人たちと週に一回民謡の練習をしていた。

「三吉さん、粟島には獅子舞、民謡同好会、ギター同好会があり、粟島出身の民謡歌手工藤菊陽さんもいる。その人たちに出演してもらって演芸会を開催しませんか」

「演芸会か、よいなあ。我々は若い頃したもんだ」

「僕は幼い頃その青年団の演劇を見て大きな影響を受けました」

「菊陽と俺は友だちだ。彼を呼ぼう」

「菊陽さんが来てくれれば盛大になります」

「民謡歌手菊陽に会いたいなあ」

「菊陽さんが来てくれれば島の人たちも喜びます」

「釜屋の獅子舞は見ものだぞ」

「そんなに素晴らしい獅子舞ですか」

「元気があり、品がある」

「是非、見たいです」

「大正琴愛好会もあるし、楽しい会になるよ」

「それらの人たち全員に協力を願って、粟島演芸会を開催しましょう」

「時期はどうする」

「海が荒れて漁に出れない時期が良いと思いますが」

「二月だな。島の人、喜ぶぞ」

と、実施計画作成にあたり各会の代表が集まった。すると、釜谷の松浦が、

「俺は釜谷獅子舞を代表して出席したが、突然演芸会ってなんだ」

「今、青年団も無くなり、昔やっていた演劇や歌を三吉さんと相談して島にある民謡、ギター、獅子舞などの発表会をやろうという試みです」

「俺はギターの会代表の神丸だけど、賛成です。松浦さん、素晴らしい釜谷の獅子舞を内浦の人たちに見せてくれよ」

「俺初め、獅子舞をする人が年をとり、実施は難しいよ」

「島の芸能を保存して行くことは皆さんの役目です。何とか実施に向けて頑張ってほしい

と思うのですがいかがですか」

「獅子舞は獅子の口にある横棒をしっかりと噛まないと舞えない。皆年老いて歯を痛めている。無理かもしれないなあ」

「島の皆さんは、釜谷の獅子舞を見たがっています。なんとかなりませんか」

と、大正琴代表の敦子が言うと、

「それには歯を治さねば」

「歯は健康の元、この際、歯を治療してやってみませんか」

と、敦子が再度頼むと、

「歯を治療してか」

するとと三吉が応援して、

「歯を治療して頑張れよ」

と、気合を入れた。すると、

「やってみるか」

「ありがとうございます。民謡と大正琴の皆さんはどうですか」

「民謡は発表の場を求めていたから喜んで参加する。東京で活躍している民謡歌手工藤菊陽氏にも連絡したら、神林地区に時々指導に来ているので、その延長に日にちをおろしてもらえば、喜んで参加するそうだ」

「大正琴クラブは勿論喜んで参加します」

と話し合いがまとまり、菊陽氏の都合も聞いて、役場の二階で実施することになった。泰雄はポスターを作り島のあちこちに掲示した。各クラブの人たちは発表を目標に一段と練習に熱が入り当日を迎えた。

「トップは演芸会を祝して釜谷の獅子舞です」

と、泰雄が司会をし、獅子が舞った。

「釜谷の獅子舞は元気があり、悪魔払いをしてくれたので良かったよ」

「さすが釜谷の獅子舞だ。芸が細かく舞に元気があり、品もある」

と、喜んだ。

「釜谷獅子舞いで幕開けをしてもらいましので二番手は、粟島随一の民謡の歌い手三吉さんの江差追分です。伴走の三味線は娘の葉子さんがひきます。よろしくお願いします」

「上るのお」

「何時もの調子でお願いします」

「よし、やっか」

「三吉、ガンバレ」

と、声援がかかり、葉子の三味線が響き三吉は自慢の喉を披露した。

「さすが三吉、日本海の荒波に乗りながら船上で鍛えた喉だ。若いのお」

と、ギター代表の神丸が褒めると三吉は、

「八十二歳だぞ」

と照れた。

「三番手は民謡歌手として東京で大活躍しておられる工藤菊陽さんの出番です。拍手でお迎え下さい」

「皆さん、今晩は。私は三吉さんたちと民謡の練習を若い時から一緒にしていましたが、民謡歌手を目指して東京に出ました。今、あちこちで歌い、民謡教室を開いております。今日、ここに呼んでいただき感謝しています。佐渡の民謡［佐渡おけさ］と［両津甚句］、そして粟島民謡［さっこい］の三曲を歌います。三味線は妻です」

　聞き終えた住民は、

「やはり菊陽さんは違うのお」

「感動したよ。歌ってくれた三曲は新潟県の島の歌だ。島独特の味がある。良かったなあ」

「今日の演芸会は、菊陽さんの歌を聞いただけでも満足、満足」

と、獅子舞を披露した松浦がささやいた。

「菊陽さんの民謡に感激した後は、ギタークラブの発表です。ギタークラブの皆さん、張り切ってどうぞ」

と、泰雄が進行すると、ギタークラブは［川は呼んでいる］［悲しき口笛］［青い山脈］を演奏し、大正琴は［荒城の月］［川の流れのように］の曲を発表して終了した。

「ギターも大正琴も熱心に練習していたので素晴らしかった。来年も開催してほしい」

と、要望があり開催すると、『教育長、今夜も良かったが、本物の芸もみたいなあ。呼んでくるわけにはゆかないか』と、住民から要望が出た。

(二) 芸能人の演芸会

粟島の人たちの要望に応えたい。本物の芸術を観てもらいたい。観せたいと泰雄は考えた。島独自で芸人を連れて来るには何百万円ものお金がかかる。そんな資金はどこを探してもない。ところが僻地の人たちに芸術に触れさせる文科省の企画を見つけた。

「助役さん、本物の芸術を島の人々に観てもらえる方法が見つかりました。呼んでもいいですよね」

「勿論大賛成ですが、そんな方法があるのですか」

「僻地への優遇策で文科省が補助金を出してくれるのです」

「是非、呼んでほしいなあ」

「粟島の役場のステージを考えると落語を呼ぶしか方法はないのですがそれでもいいですよね」

「粟島にはそのような企画が今までなかったよ」

「文科省に掛け合って応募してみます」

泰雄が落語を申し込むと派遣してくれることになった。

「助役さん、あの有名な落語の木久蔵さん親子の一行が来てくれることになりました」

「島の人たちは喜ぶぞお」

「苦労して調べたかいがありました」

「役場の二階ホールで生の木久蔵親子の落語を聞けるなんて考えもしなかったよ」

「それが現実となるのです」

「楽しみだ」

と、木久蔵一家の落語が実演された。

「粟島の皆さん、今晩は。木久蔵一門でございます。私は司会を務めます林家久蔵です。今夜は粟島の皆さんと落語、手品、紙切りでお楽しみ願いたいと思います。まずは落語で楽しんでもらいます。最初は木久蔵の倅の落語を聞いて下さい」

「私は、林家木久蔵の倅、きくおです。粟島は初めて渡りましたが波は穏やか、人も親切、このように会場に溢れるばかりのご入場、ありがとうございます。私は、鯛は飼育しませんが熱帯魚の飼育はかなりの腕前です。しかし落語はまだ親父のようにはゆきません。でも精一杯［彦六伝］を語らせてもらいます」

と、語り出した。住民は、

「さすが本職、話の運びや芸が上手い」

「高血圧で声が震えるあたりはすごいなあ」

と、大きな拍手を送った。

「次は紙切りです」

「私が切って行く絵を当てて下さい。当てた人にはプレゼント致します」

と、切り始めると、

「獅子舞だ」

「そうです。粟島にも釜谷獅子舞があるそうですね。次のこの絵は何でしょう」

「大謀網《だいぼうあみ》の鯛とりだ」

と、喜び、最後に木久蔵の［松竹梅］が演じられた。松五郎、梅吉、竹蔵が名前がめでたいという理由で婚礼に招かれた。三人は初めての招待なので何をしてよいのか分からない。岩田の隠居に相談に行くと『挨拶したら、パットセンスを広げて、まず松さんが、なったあ、なったあ蛇になったあ、当家の婿殿蛇になったあ。次に竹さんが何、蛇になられた。最後に梅さんが長者になられたとしめる。初め蛇になられたと変な気持ちにさせて長者になったと盛り上げる。どうだ。練習、練習』と、練習しても上手く行かず、本番になってとんでもないことを言い出す始末、木久蔵の芸を直に見聞きした島の人たちは大笑い。落語、紙切り、手品の円熟した演芸にひと時を楽しんだ。ところが泰雄がその結果報告会に東京に出た二月、海が荒れて欠航となり十日間島に帰れず、村上で島の教育行政に当たった。

「助役さん、こんなに長く島に帰れず心配です」

「教育長、島のことや学校のことは何の心配もないよ。自然現象の前ではどうしようもない。のんびり過ごせばいいさ」

「ありがとうございます。その一言で安心して過ごせます。その間に来年の計画を練って行きます」

そして翌年は桂文枝師匠一行、次の年は東京落語の一行も来てくれた。来てくれた人たちが一番喜んでくれたのが一人一個ずつの大きなアワビの刺身であった。

七　事故

泰雄が芸能人を呼んでの演芸会を終えて一息していると、

「教育長、観音様の木の枝が、お寺の方まで伸びている。そのままにしていると、雪が降り、その重みで折れたりするとお寺にある板碑《いたび》が壊れる。枝切りをしてもらえないか」

と、住民から依頼があった。

「分りました。対処します」

と、福田組を訪ねた。

「所長、観音様の大木の枝が伸びて、風や雪で折れそうです。文化財に被害が出る前に何とかなりませんか」

「枝を切り落としましょう。ただし、クレーン車が島に来たときにさせて下さい。でないとお金がかかりますから」

「それで結構です。よろしくお願いします」

と、お願いして置いたら夏の蒸し暑い日、

「クレーン車が来ましたので、今日枝を切り落とします。教育長も立ち会って下さい」

「ありがとうございます。よろしくお願いします」

と、社員が安全ベルトをしてクレーン車に乗って枝を切り始めた。半分ほど切ると『バリバリ』と枝が割けて、社員と枝が宙吊りになった。

「痛い、痛い、安全ベルトが胸に食い込んでくる。助けてえ」

「クレーン車を上手く操作しろ」

と、所長が叫んだ。

「枝と人が宙吊りではどうにもなりません」

「人の命に関わる。慎重に対処しろ」

操作員が苦心して降ろしたが、社員は瀕死の重傷であった。所長が、

「教育長、早船を出して下さい」

「分りました」

泰雄は役場に走った。

「村長、社員が枝切をしていて怪我をしました。早船をお願いします」

「総務課長、早船だ」

「県警にヘリコプターを依頼します」

と、村上病院にヘリコプターで怪我人は運ばれて入院した。社員はろっ骨を二本おり、助かったが、泰雄は一か月後に右手が上らなくなり、所長は二か月後に心臓麻痺で亡くなった。

「助役さん、不思議だよね。観音様の枝切りに関わった人が怪我、病気、死者まで出るなんて」

「偶然かもしれないが観音様が怒ったのかなあ」

「観音様へお参りに行って来ます」

と、泰雄は観音様をお参りした。十二月議会が開催された。茂議員が、

「教育長、観音様の枝切りで事故があったそうですが、神社仏閣の木を切る時は、必ずお祓いをしなければならないと言われていますがしましたか」

「しませんでした。クレーン車が到着すると社員がすぐに安全ベルトを付けて切り出しました」

「神社仏閣の木の枝には、神や仏が腰かけて語り合ったり景色を眺めたりして楽しむと言われています。その枝が切り落とされたので、事故は神や仏の怒りをかったのではないですか」

「そうかもしれません。僕も右手が上がらず、所長は心臓麻痺で亡くなりましたから」

「観音様へその後お参りしましたか」

「お参りしました。怪我や病気、心臓麻痺は偶然に重なったと思いますが、昔からの言い伝えは今後守り、お祓いをするようにします」

八　村長選に絡んで

　本保元教育長職務代理が村長選に立候補した。その立候補の届けた日が祝日であった。役場では休みだからと職員が受け付けなかった。

「受け付けるべきである」

「休みだから受け付けられません」

「今日までとなっている」

「その今日が祝日です」

「祝日でも受け付けるべきである。受け付けなければ司法に訴える」

と、本保が裁判を起した。村長側の言い分が負けて選挙が行われた。その村長選挙には神丸村長が大勝したが、その四年後の選挙では、大謀網のもつれから、有力な村長派の議員が反旗を掲げた。

「村長、大謀はこのままでは潰れる。改革しないといけない」

「どのような改革が必要ですか」

「大謀組合を作り、出資していない人も大謀組合に入れるようにしなければならないと思う」

「大謀網は長い歴史がある。そのような改革は簡単にはできない。今の制度を維持することによって島の大謀網は継続していける」

「それでは俺は貴方とは組めないなあ。本保氏と組んで村長選を戦うよ」

「仕方がない。去る者は追わず戦おう」

と、議員が一人離れた。また、釜谷住民が、

「村長、釜屋の公会堂は建てて三十数年が経ち、雨漏りもする。新しく建て直してほしい」

と、村長に陳情に来た。

「建て直しには三千五百万円と経費がかかり過ぎる。修理をしよう」

「修理ですか。村長は、あまり釜谷の面倒をみてくれないと釜谷の住民は思っています。村長から離れて行きますよ」

「近く、市町村合併もあるし、ある程度のお金を残して合併しないと、島民が肩身の狭い思いをする。修理で十分だと思うがどうだ」

と、神丸は建て直しを拒否した。そのことから釜屋の住民がことごとく反神丸派になってしまった。そんな折、村上市岩船郡七市町村の合併が、今一歩のところで完成するはずであったが、村上市長が合併協議会の会長ゆえに、『合併の時期はまだ熟していない』と合併協議会を解散した。

「村長さん、大混乱ですね。なぜ協議会が解散したのですか」

と、泰雄は神丸村長に問うた。

「村上市長は合併した市の初代市長にはなれないと言う噂が広まっている。そのために後援会が市長に協議会の解散を勧めたと憶測が流れている」

「そんな私的なことで解散していいのでしょうか。今までの努力の三年は水の泡です」

「各町村長も皆困っている」

「そうでしょう」

村上市が合併から離脱したことから粟島浦村でも合併の是非が再燃した。それで、

「山形県の飛島は合併して酒田市になっている。離島の合併にはプラス、マイナスがある。それを聞いて来てくれないか」

と、村長が泰雄に依頼した。

「喜んで行って参ります」

と、泰雄が飛島に渡り飛島住民の話を聴くと、

「小さい離島で村長選があると、親子、親類が二派に分かれて喧嘩をする。そのしこりが残って嫌な思いを長期間してきたが、村長選挙が無くなってみんなで仲良く暮らしている」

「なぜしこりが表ずるのですか」

「選挙があると小さい島では、一軒一軒、一人一人の票の行方が分かり反対派が分かるのです。だから生活がぎすぎすして辛かった」

「そうですか」

「見てごらん、皆あのように仲良く魚を取り、海藻を取って、和やかに暮らしているから」

「ほんとうですねえ」

「飛島に予算は十分につきますか」

「島へ市長と課長が必ず足を運んできてくれる。島民の意見を聞いて、島には必要な予算を十分に出してくれています。医師も来てくれて合併前よりみんなの生活が良くなりまし

た」

「行政が上手く機能しているのですね」

「小さな島ゆえに皆さんのお世話になっているという劣等感が、昔はあったけれど今は無くなった。酒田市民として胸を張って生きている。これが合併の最大の収穫です」

「確かに、粟島の住民も大きな劣等感を持っています。教育行政を見ても、教職員の人事、指導などすべて村上市のお世話になっています。年間十六億円の予算で島を運営していますが、島から上る税収は三千五百万円しかないのです。県と国におんぶにだっこです」

「昔は二人の透析患者が出ると国民健康保険がパンクしました。これからの市町村は合併して国民健康保険、職員の給料を払えるように協力していかなければなりません。老齢化する日本は大きな変革の時代を迎えます。だから飛島は合併して良かったと思っています。粟島も合併すると良いですよ」

「皆さんのご意見を粟島に帰って村長に伝えます。ありがとうございました」

泰雄は粟島に帰って飛島住民の声を村長に伝えた。

「行ってもらって良かったよ。俺の信念通りに合併に向かって突き進むよ」

ところが、本保氏が町村合併反対の旗を掲げて再度村長選に立候補した。

「助役さん、前の選挙は神丸氏が勝利したけど、今回はどうなんです」

「有力議員が一人離れたことと、釜谷住民が公民館を建ててくれなかったことで反発が強いのでわからない」

「負けると粟島は合併しないので将来困ることになるのではないですか」

「そうなのだよ。年々人口が減少することから俺の見通しでは島は国の強力な支援がなければもたん。しかし、村民が決めることだから待つしか方法がない」

と、選挙日を待った。その選挙結果、神丸村長は三票の差で敗れた。泰雄は村長と共に町村合併を推進して来たので辞職した。

「助役さん、お世話になりました」

「俺も辞職するよ」

「楽しい五年半の生活でした」

と、助役と送別の残念会をしていると校長から電話がかかった。

「教育長さん、見送りに出たいのですが、次の村長さんとの関係もあり、職員共々見送りに出れません。お許し下さい」

「いいよ。そのようなことより子どもたちのために頑張って下さい」

と、泰雄は答えた。選挙に負けることはこういうことだ。泰雄は山形県飛島に行って合併について調査した時の住民の言葉を思い出しながら船に乗った。その後、合併推進の新人が村上市長選に出馬して市長となり、五市町村の合併が推進されたが、泰雄にとって中学校校長として、勤務した村と教育長として務めた両村は合併から抜けた。

栗島浦村の教育長を辞職して村上に帰りのんびりと岩船港へ釣りに行った。すると偶然にも関谷中学校時代の佐田に出合った。

「校長先生でしょ。関谷中の佐田です。中学時代は大変お世話になりました」

「ああ、佐田君か。久しぶり、あれから七年の歳月が流れているが、元気で何よりだ。横田君や幸一君はどうしている」

「校長先生にお世話になった横田と幸一も中学校を卒業してから一時ぶらぶらしていたけど、今は建設会社で元気に働いています」

「そうか。良かったよ」

「お母さんも元気かい」

「お陰さまで、母も元気に暮らしています」

「それはなによりだ」

「中学校を卒業して、今は何をしていますか」

「午前は新聞配達などアルバイトをしてお金を稼ぎ、午後は母から送ってもらい、このように釣りに来ています」

「何が釣れますか」

「港の反対側の砂地ではキスやヒラメが釣れ、港では季節によって違いがありますがアジやイナダ、マスが釣れる時があります」

「それをお母さんに料理してもらっているの?」

「そうです。母は魚料理が上手です。俺の釣った魚を食べ、魚は買ったことがありません」

「家計に貢献しているねえ。お母さん喜んでいるでしょう」

「喜んでいます」

「病院へはどうしている」

「今も定期的に通院しています」

「健康な佐田君に会えて良かったよ」

「校長先生のお蔭です」

「今度、時々釣りに来るから海づりの仕方を教えてくれよ」

「俺に任せてよ。今度、俺が先生になって校長先生に教えるから」

「頼むよ」

泰雄は佐田との再会を喜び、安どして家路についた。

Ⅶ　村上市の教育長

一　一般教育行政

(一)　村上市の教育長になって

泰雄は神丸村長が破れたことから、粟島から村上に帰り釣りや畑仕事をしながらのんびりと生活をしていた。

「三枝子、僕は市町村合併推進派だったけど僕が勤務したことがある関川村と粟島浦村は合併しなかった。関川村は以前大洪水にあった。その時、国の援助で丈夫な堤防を築き、住民は高台に移転し、安心して生活できるようになった。今後は他の災害にあった地域に奉仕する時だと思う」

「関川村は大雨でも安心して暮らせるようになりましたね」

「日本は老齢化社会となり、国民全体が助け合ってゆかなければならない時代を迎えている。関川村は全国各地で洪水、土砂崩れに悩んでいる人たちに手を差し伸べなければならないのに、今もって多額の交付金、補助金をもらっている。行政にかける費用を倹約し少なくしていかなければ、日本の借財は増えるばかりだ」

「自分たちは安全になったから、あとは独立して生きていく。そんな考え方でよいのでしょうか」

「合併してできるだけ行政の効率を上げて交付金を削減するようにしていかなければならない」

「そうだと思います」

「多大な借金を背負っている日本が財政の健全化を図るためには市町村合併を推進して無駄をなくし交付金を削減していかなければならない。国が地方交付税を削減したら、その時両村はどうするのだろう」

「人口減に悩む両村は、将来どのようにして生きて行くのか、その全体像が見えませんものね」

「原子力発電所があった市町村は、ほとんどが合併しなかった。新潟県の刈羽村もその一つである。国から協力金、東京電力から多額の資金をもらい、ずさんな建物を建てて予算を消化した時代もあった。福島の原子力発電所の事故の恐ろしさから、原子力発電の再開が困難な状態になって来ている。原子力発電の支援金に頼って合併しなかった市町村は、今後どうなるのか問題だ」

「合併債が無くなった今日、頭を下げて大きな市に吸収されるのでしょうか。それとも原子力立地協力市町村として、新たな合併債が立法化されるのでしょうか」

「関川村と粟島浦村はそれにも該当しない。老齢化、人口減を両村はどのようにして乗り切るのか僕は不安に思う」

「貴方は村上に帰り、畑仕事をして楽しんで居るのだからそんな心配はしない方がいいですよ」

「それもそうだが、合併した新村上市の市長選が行われる。昔お世話になった大滝氏には何としても勝ってもらいたい」

「どなたが立候補するの」

「元村上市長、前市長そして大滝平正が立候補する。大滝は十年前の町長選で落選したが次の選挙で町議、住民の圧倒的な支持を得て無競争で町長に当選した」

「そうでしたね」

と、泰雄と三枝子が話していると大滝から泰雄に電話が入った。

「先生、元気か」

「元気です」

「合併した新村上市の市長選に立候補する。応援頼むよ」

「教頭時代は大変お世話になりました。また粟島浦村の教育長時代も目にかけていただきありがとうございました。是非当選して地域に尽くして下さい。僕はこの度は、自由の身です。精一杯応援させてもらいますが、表には出ません」

「それでいいよ。よろしく頼む」

泰雄は島の教育長時代、他町村の首長と語り、飲む機会があった。そんなことから首長と市町村合併について語り合う機会があり、その時密かに、次のように話しかけたことがあった。『大滝町長は首長として一番長いし、豊かな政治感覚を持っています。大滝氏を市長にして、四人の副市長で新しい市を運営すればどの地域も万遍なくよいのではないですか』と。『俺もそのように思う』と、三人が賛同してくれた。新村上市の市長選は三人の激戦であったが、結果は大滝がわずかの差で勝ち新市初代の市長になった。大滝は副市長の人選にあたって、一人が辞退したので、二人の副市長制度を考えた。それは地域が広くなり、職員の数が多くなったので一人は庁内をしっかりとまとめる人、もう一人は新しい企業を誘致して、市民に仕事を与える人、この二人が必要と考えた。しかし市議会側がこの規模の市に二人の副市長はいらないと主張し始め、市長も議員も当選したばかり、誰が市長派か反市長派か分からない時に二人の副市長の可決は難しいと大滝は判断した。

「市長として議会対策が大切です。ここで反市長派を多数にするわけにはゆきません。市長の判断は正しいと思います」

「先生と副市長を降りた人を教育委員に推薦するのでよろしく頼むよ」

「承知しました。ただし教育部長には校長上がりをお願いします」

教育委員に五人が市長から推薦され、市議会で議決された。互選の結果、教育委員長に泰雄がなり、教育長に副市長を降りた人がなって、村上市の教育委員会は出発した。ところが一年後、教育長に一身上の事情ができ、退任することになった。大滝市長が、「次の教育長になる人を探してほしい」

と、泰雄に依頼した。

「委員長として責任を持って探します」

と、行政肌の三人に泰雄は当たってみたが、自信がないと断られた。緊急事態でありここは自分が引き受けなければと考え始め、中学校では、生徒指導上の問題も生じていたことから、教育の専門家であると自負している泰雄は、決意を固めて、臨時の教育委員会に臨み、互選の結果、泰雄が教育長になった。

「これから新教育長の記者会見を行います」

と、部長が言うと、記者が集まって来た。泰雄は前もって用意しておいたプリントを読み上げ、そのプリントを新聞記者が記事に書きやすいようにと渡した。すると記者は、それを反主流の市会議員に渡したのだ。

「プリントを用意するとは前もって誰が教育長になるのか決めていたのであろう。議会で追求しよう」

と、議員が話し合っていることを泰雄は耳にした。プリントを渡すべきではなかった。迂《う》闊《かつ》であった。記者への親切心が仇になって返ってきた。その夜、おさな友だちの修一市議から電話が入った。

「教育長、なんでいらないことをしたのだ。議会で追及されるぞ」

「申し訳ない。粟島でのんびりと人を信じて教育長をやってきたらこのありさまです。覚悟を決めて答弁するよ」

次の日の議会で、『誰が教育長になるか決まりもしないのに文書にして教育長就任挨拶を持っていたのはおかしい。内々話し合って、決めていたのでないですか』と追求された。泰雄は、

「急に教育長が辞任したことから、委員長の責任において、私が教育長にならなければ、中学校の生徒指導の問題など収まりがつかないと、前日に決意を固めていました。教育長に互選されたら急に話はできないのでプリントにして持っていたのです」

と、答弁すると、追及は収まった。そんなことで始まった泰雄の教育長の就任であるが、各小中学校長への指導助言、議会答弁などは教育長に委任すると言う一項目を教育委員会で取り付けて始めた。粟島浦村で五年半教育長をこなしてきたので、教育長の仕事の中身は熟知しており、教育行政はスムーズに流れて行った。

(二) 社会教育の拠点づくり

「生涯学習センターの建設が合併協議会の約束として上げられている。最初の仕事として取り組んでほしい」

と、泰雄は大滝市長から依頼された。

「生涯学習課長、生涯学習センターの建設計画は作ってありますか」

「まだありません。今、生涯学習として使用している建物は村上中学校として使用し、その後中央公民館として利用して来ましたので五十数年経過しております。コンクリートがボロボロに風化して、雨漏りするところも出ています。耐震構造にもなっていません。早急に建設しなければなりませんが、理想の生涯学習センターを建設するには、七億の経費が必要だと思います」

「理想の生涯センターとはどんなセンターですか」

「住民が今の施設を利用して絵画、ダンス、合唱、習字、お茶、囲碁など学習しておりますが、ダンス教室には鏡がない、お茶教室には水道がない、合唱などの音楽室は防音がされていない、そんな状態の中で住民は黙々と学習しあっているのです」

「その実態を書き上げて報告してほしい。しかし、お金のことは財政課と相談してみないと何ともいえない」

「教育長、頑張って七億円獲得して下さい」

「財政が何というか、聞いてみるよ」

泰雄は財政課長に会った。

「新村上市として住民サービスが行き届いた市政にするためには、立派な社会教育の拠点・生涯学習センターを建設しなければならないが、それには生涯学習課長の話だと七億円必要だが出せますか」

「山北支所、荒川保育園、ごみ処理場の建設もあり、七億円は無理です」

「村上市の財政を考えながら、最大の効果を上げる生涯学習センターを作りたいが、いくらぐらいなら出せますか」

「せいぜい五億円です」

「五億円か、五億円は出せるね」

「五億円なら出せます」

泰雄は大滝市長と話すために市長室へ行った。

「市長、公民館が老朽化していて社会教育の拠点・生涯学習センターをどうしても建て替えなければならない状態ですが、今、財政と相談しましたら建設に五億円なら出せると言うのです。その規模でいいですか」

「教育長はいくらほしいのだね」

「大小中の会議室、防音付き音楽室、調理室、高校生の学習室、体育施設などの建設費七億円ですが財政が難しいと言っています」

「俺も財政と話してみるよ」

「お願いします」

市長は財政課長、教育長に電話を入れた。

「財政課長、教育長から生涯学習センター建設費用の話があったがもう少し出せないのか」

「出してやりたいのですが、ここ二、三年で建設しなければならない建物がめじろ押しです。五億円以上はやりくりできません」

「そうか、課長の苦労も良く分かる」

「教育長、財政と話してみたが、やはり五億円で生涯学習センターを新築してくれ」

「ありがとうございます。予算の無いところ感謝します」

「最近建設した五億円規模の生涯学習センターを見学して、市民から喜ばれる施設を造ってほしい」

「承知しました。頑張ります」

と、泰雄が市長室を出て教育長室に帰ると、生涯学習課長が、

「教育長、予算はどうなりましたか」

「課長たちの理想のセンターは作れないが、五億の目処が立った。その範囲内で、最大限活用できる生涯学習センターを建設してくれ」

「もう少し何とかなりませんか」

「僕も市長も財政と話したが、保育所、山北支所、ごみ焼却場の建設そして学校の耐震化事業もあり、五億円以上は無理であった」

「分かりました。建設のために新潟市の横越、月潟の生涯学習センターを見学して来ます」

「予算規模は同じか」

「それらは五億円で建設されました」

「教育委員、生涯学習課職員、利用団体代表で見学しよう」

と、泰雄たちは横越、月潟の生涯学習センターを見学した。そして市民が利用するのは音楽室、調理室、図工室、会議室、茶室、ダンス兼集会室であることが分かった。また、村上市の情報教育センターで高校生が学習している学習室が手狭になっていることから、この際拡大することにした。情報教育センターの図書保管室が足りなくなって来ているので、今の学習室を図書保管室にして、新生涯学習センターに高校生の学習室を拡大して建設したい。このことを踏まえて設計させるように説明会では話して下さい」

と、生涯学習課長に指示した。

「分かりました」

と、説明会を開くと老人クラブ会長が、

「教育長、現在の中央公民館にある老人クラブの事務室を新しく建設するセンターに入れてほしい」

と言ってきた。

「職員と一緒なら何とかなりますが」

「いや、来客も多いし一室はほしい」

「村上市の老人クラブは積極的に仕事をされている。その願いを入れるべく検討しますが、予定の予算からは、皆さんにお貸しする一室は見いだせそうもありません。一室を設けることによって、他からの要望も出て来ます。老人クラブに貸して他のクラブに貸さないわけにはゆきません。市長に相談して代わる部屋を探してもらいましょう」

「是非、お願いします」

「努力します」

泰雄は市長室へ行った。

「老人クラブから一室ほしいと要望がありましたが部屋に余裕がありませんので断りました。市長、適当な所を探して上げてくれませんか」

「市役所の隣のクリエートが最適と考えるが、使用目的がやや異なるので三の丸会館も検討してみるさ」

「村上市の老人クラブは活躍しております。喜んで仕事ができる事務室を是非探してあげて下さい」

「俺の責任でやるから安心してくれ」

老人クラブの案件が解決すると次に緑化推進を進めている板垣市会議員が教育長室にやって来た。

「教育長、生涯学習センター建設にあたって、暖房にはバイオマスを是非採用してほしい」

「その理由をお聞かせ下さい」

「山間部の集落には猿、熊が出て来て畑が荒らされて困っている。それは山と住宅地の境が藪になり、猿や熊が民家に来やすくなっているためだ」

「杉材が安くなり切って売れば赤字になることから、杉林が荒れています。そのようなことから猿や熊が民家に出やすくなっているのですね」

「それでだ、間伐材や雑木を切り、民家と杉林の間をきれいにして干渉地帯を作ると、猿も熊も姿が見えるので民家に近づくことは少なくなる。切った木をバイオマスに使用すれば一挙両得になる。新設のセンターをバイオマス使用の第一号にしてくれないか」

「それは名案です。猿と熊の被害を無くし、森も綺麗になり、冷暖房も確保できるのですから採用したいですね」

「頼むよ。山間部は猿と熊対策で本当に困っているのだから」

「僕も山間僻地に八年間住みましたのでその苦しみは良く分かります。財政と市長、副市長とも話し合ってみます」

泰雄は設計士と打ち合わせをした後、財政課長の所に行った。

「財政課長、また相談に来ました」

「何でしょうか」

「設計士と相談して生涯学習センターの冷暖房の建設にバイオマスを使った設備にすると、もう一千五百万円ほどかかるのですが、猿、熊の対策も考えて何とかなりませんか」

「先ほど、板垣議員も来ていかれましたのでその趣旨は良く分かりましたが、財政計画を見直したり、工面はできないか検討したのですが、ごみ処理場施設の建設、学校の耐震構造の費用、山北支所の建設、保育所の建設と来年と再来年で建設・補修・増築をしなければならない建物が多数あり、無理です。もう三年待っていただくと見通しが立つのですが」

「生涯学習センターの建設を三年遅らせることは、今の施設からは無理だ。地震などで人身事故でも生じたら大変なことになる。やはり無理か」

「教育長のお気持ちと熱意はひしひしと伝わってくるのですが、財政の責任者として良い返事はできません」

「市長と再度話し合うつもりであったが、課長の話を聞いていると無理と分かった。あきらめるよ」

(三) 議員、議会の対応

① 議員の熱意を汲んで

相馬議員が、話があると教育長室に訪ねて来た。

「教育長、胎内市では中学生が広島に行って平和教育の実績を上げています。村上市も中学生を派遣しませんか」

「中学生に平和の尊さを教えることは大切ですが、中学生を派遣するとなると引率教師の問題もからんできます。簡単ではありませんが委員会の事務局に検討させてみます」

「できれば中学生五名、引率教員一名の予算を付けてくれるとありがたいのですが」

「分かりました。派遣すれば交通費と宿泊代で一人約八万円かかります。六人で四十八万円くらいの費用ですが、生徒全体に平和の意義を教えるには、生徒の派遣よりも良い方法があるかもしれません。それらも含めて検討してみます」

「よろしくお願いします」

泰雄は義務教育課長を教育長室へ呼んだ。

「教育長、何でしょうか」

「今、相馬議員が来て平和教育推進のために、中学生を広島へ派遣してほしいと話して行った。予算化することはできないか」

「学校の耐震化工事でぎりぎりの予算です。予算化は難しいと思います」

「胎内市が実施していることから、村上市もなんらか手を打たなければ平和教育への取り組みが遅れていると批判されかねない。良い方法はないだろうか」

「生徒五名と教師一人を派遣すれば、約五十万円はかかります。広島には戦争体験の語り部が居りますから、その人に来ていただいて中学校二校ずつ話してもらえば四、五年で全生徒に平和の尊さを話して聞かせることができます。費用も半分以下の二十万円くらいですみます」

「それならできるか」

「平和宣言をしている村上市です。二十万円のお金は生徒の為なら工面して、予算化するように財政と話します」

「頼むさ」

「財政の方は私から話を付けますが市長、副市長には教育長から話しておいて下さい」

泰雄は市長室へ行った。

「市長、戦後六十五年、あちこちの教育委員会で平和の尊さを児童生徒に知ってもらおうと語り部を呼んだり、生徒を広島に派遣したりしており、我が村上市も平和宣言都市として何かしなければなりません。平和のあり難さを全生徒に知ってもらうために広島から語り部を呼びたいと考えているのですがいかがですか」

「そのようなことを頼みに来るのは相馬議員か」

「相馬議員ばかりでなく、板垣議員や長谷川議員も戦後七十周年を目の前にして平和教育を児童生徒にしなければならないと言っておられました」

「費用はどのくらいかかるのか」

「二十万円ほどです」

「それくらいですむのか。財政課長に話しておくさ」

「よろしくお願いします」

市長の承諾を得て教育委員会事務局に帰った泰雄は、

「義務教育課長、市長の承諾を得た。次はどこの中学校から始めるかだ」

「神林地区は毎年、平和記念碑の前で不戦の誓いを行っております。東京で空襲に合い、帰って来られた人が熱心に運動を広めていますので、神林地区の二つの中学校合同の平和教育学習会から実施したら如何でしょうか」

「来年のことではあるが、授業時間に講話をしてもらうわけだから、近いうちにその方針を伝え、協力を得られるようにしなければならない。それは僕がやるよ」

「お願いします」

泰雄は神納中学校と平林中学校に出向いて平和教育の必要性を語り、来年度、両校が参加して語り部の話を聞くことを承諾させた。

「教育長、平林中学校の生徒約百人を移動させるのにどうしたらよいでしょうか」

と、課長が泰雄に尋ねた。

「生徒運搬の問題もあるか。スクールバスを使おう」

「両中学校にはスクールバスがありませんので朝日中学校か、他校のスクールバスを使うことになります。その手配は私の方でします」

「事故、落ちがあっては大変だ。手配をお願いします」

計画、予算化、依頼と順調に進んで一年後の平和教育実施の日が来た。泰雄が開催の趣旨を生徒に話し、語り部が語り出した。

「広島に原子爆弾が落ちた時は、私は中学生でした。丁度皆さんの年頃です。ぴかっと光ったと思ったらキノコ雲が立ち上がり、広島は一瞬にして死の世界です。命が助かっても皮膚のただれた人、髪の毛が焼け落ちた人、鼻がやけどでただれている人など沢山いました。戦争は悪です。罪です。二度と日本は戦争をしてはいけません。その理由は、……」と語り、戦争の悲惨さ・残忍さを話し、不戦の誓いを強く訴えた。終了後、講師を送り出して泰雄は両校の校長と校長室に残った。そこで泰雄は、

「両校長先生、今日の話は単に聞くだけで終わらず、生徒に感想文を書かせ、道徳の時間を使って中身を深化させるようにして下さい」

「承知しました。そのように職員を指導して行わせます」

暫くすると語り部から泰雄に礼状が来た。『自然美しい村上の地で平和について語ることができ、しかも中学生が熱心に私の話を聞いて下さいました。気持ちよく語ることができました。また、生徒が一人一人感想文を書いて送って下さいました。それを読んで、これからも平和の意義を語り続けていく勇気と情熱を頂きました。両校の校長先生、生徒の皆さんによろしくお伝えください』と書かれてあった。この手紙を読んで泰雄は、

「課長、来年度は村上第一中と東中二校で開催しよう」

と、話しかけると、

「予算をもらえるように感想文や礼状を財政の方にも回しておきます」

と、来年度の準備を整えた。

② ある日の議会

長谷川市議が泰雄に質問した。

「村上市も児童生徒の減少によって、学校統合をしなければならない時が来ています。教育長は学校統合をどのように考えておりますか」

「できる限り学校統合は避けたいと考えております」

「その理由は何ですか」

「学校がなくなるとその地域の文化がなくなるのです。学校が中心になって築いて来た文化祭、運動会、地域学習会がなくなり、地域の住民と児童生徒が一緒になって活動するコミュニティが消滅していくのです」

「適正規模の学校というものがあると思いますが」

「標準規模は小学校が十八学級、中学校が二十四学級と言われています」

「そのような規模の学校にしたらいかがですか」

「そのようにしますと、瀬波小学校から山形県境までの海岸線六十キロに学校が一校も無くなり、営々と海岸文化を築いて来た住民にとっては寂しいかぎりと思っています」

「教育長の考えを聞いて安心しました。それは、私は岩船生まれですが、岩船も児童生徒の減少によって小学校も中学校も統合されるのでないかと住民は心配しています。そこで私の考えですが、岩船の場合、統合しなければならなくなったら、小中一貫校にしたらいいのではないかと考えますが、教育長は如何お考えですか」

「岩船地域はこの地方においては、古い歴史と伝統を持ち、独特の文化を持っています。地域住民も学校の為ならと奉仕活動を厭《いと》わず行っています。それゆえに社会で大活躍されている人材も多く輩出しています。私の個人的な考え方ですが、長谷川議員の言われるように小中一貫校として学校を残すのも工夫の一つだと思います」

「児童生徒を立派に育てても、高校や大学を卒業すると都会に出て岩船に帰ってきません。岩船にも立派な農業、漁業と言う産業があり、農業、漁業に従事して生活する人間を育てることはできないものでしょうか」

「農業、漁業は日本の最も大切な一次産業です。残念ながら農業、漁業に従事している人の収入は、都会で働いている人の半分か三分の一の収入しかありません。それで、若者は都会へと就職して行くのです。これを打開するには農業は土日に行い、平日は企業で働くことができる企業の育成、誘致が必要と考えます」

「市長、教育長も企業の育成、誘致が必要と言っているのですが、現在、市長が当選されてからどのような手立てがなされてきましたか」

「坂町の食品会社の設立、岩船にある大学の設立を上げることができますが、企業誘致はその地に労働力があるか、エネルギーがあるか、交通の便が良いかなどの条件があり、努力しているのですが、なかなか誘致は進んでおりません」

「交通の便には高速道路が必要ですが、どのような進捗《しんちょく》状況ですか」

「県独自の工事として村上までは完成させると県知事も言っております。もうすぐ取りかかると思います」

「県にもお願いしてできるだけ早く完成するようにして下さい。企業誘致ですが、エネルギー確保は、岩船港脇に火力発電所か風力発電所など考えられますが建設誘致を推し進める考えはありませんか」

「粟島と村上の間は強い海流と風があり、それらを利用した発電所が考えられておりますが、具体的には進展しておりません。具体化されるとよいと思っております」

「教育長に再びお尋ねしますが、学校統合をあまり進めたくない理由にその土地の文化がなくなると言われましたが、そのほかにメリットはありませんか」

「先ほどから企業誘致、働く場所の話題がありますが、大学を出て村上で一番働く場所があるのは学校です。現在、村上市には約五百名の教員が働いて居ります。年間平均給与が六百万円とすると三十億円の給与が県と国から入ってきます。用務員、指導助手を含めると百人おり、その人たちの給与は年間十億円です。合計四十億円の人件費を稼ぐ企業は村上市には無く、村上市最大の働く場として機能している面もあるのです。また、小学校一校に付き、九百万円、中学校一校に付き一千万円、小学校一学級九十万円、中学校一学級百万円の交付税が入ってきており、村上市には約十億円の収入になっております。さらに耐震構造にするために国は三分の一の補助金を出しており、かなりの金額が村上市に入って来ております」

「学校を働く場としてのご意見は初めて拝聴しました。学校があるために建築業者も潤っていることが分かりました。東日本大地震がありましたが、津波で大勢の人命が奪われました。新潟地震から四十年以上経っています。いつ震度七以上の地震が起こるか分かりません。教育長は災害時の指導をどのように行っておりますか」

「新潟地震の時は、大川谷中学校一年生百二十四名を連れて瀬波海岸へ修学旅行に来ておりました。私は理科専門ですので地震イコール津波と判断しました。昼飯を食べているのを止めさせて高台に生徒を逃がすように学年主任に話し逃がしました。災害時は命を守るのが第一です。その場に応じた対処の仕方で児童生徒の人命を守れと指導しています」

「最近、竜巻、雷などで亡くなる人が出ています。それらにも対処の仕方があるはずです。学校ではどのように指導しておりますか」

「以前、神納中学校の生徒が帰宅途中で雷に打たれて亡くなりました。田圃地帯は高いものがありませんので歩いている人に雷が落ちる危険があります。雷注意報をよく聞いて登下校をさせる必要があります。靴はゴム底の厚いものを履かせるとか金属製の物を持たせない工夫です。竜巻は岩船海岸で発生するのがよく見られます。発生したら頑丈な建物に逃げ込むことが大切です。雷や竜巻の予報が出たら外出を避ける指導をしています」

「教育長への質問を終わります」

㈣　同和教育問題

同和対策基本法が成立し、広く各校で人権教育が実施されるようになり、かつ障害者、老人などの弱者一般の人権教育が全国的に行われるようになった。それで同和教育から人権教育に切り替える県が多くなった。ところが同和教育研修会で当地方出身の教頭が次のような発言をした。

「同和教育というと、暗いイメージがあります。全国的に人権教育になって来ていますから新潟県も同和教育研究会から人権教育研究会に名称を替えた方がいいのではないですか」

と、意見を述べると、解放同盟の人が、

「同和教育は、暗いイメージがあるとは何事ですか。同和を侮辱しているように感じます」

と、反撃、追及され県教委と教頭は長年に亘って解放同盟から問題視された。また村上市内の小学校の校内研修会で『村上市に同和地域があったのかどうか』議論された時に、校長が民族学の立場から次のように発言した。『今、講師先生が村上に同和地域があったと言われましたが、村上に同和地域があったかどうかは民俗学の立場からは説明しにくいと思います』と、発言すると講師は『村上市にも同和地区があったことは明確です。校長先生がそのような考え方でいいのでしょうか』『あくまでも民俗学の立場からです』『民俗学と言われると、私も良く中身が分かりませんので解放同盟の本部に聞いてみます』と答え、解放同盟は『神林村の裁判でも明確に証明されているように同和地区はあったのに、校長は何を考えているのか。そのような校長がいるから、同和対策が進展しないのです』と反撃された。

それで、泰雄は同和教育委員会規則を作り、今までの経過を三枝子に語りかけた。

「そんなことがあったの」

「先日も、同和教育推進全国大会が新潟で開催されたが、新潟の同和教育推進の成果として問題を起こした校長の発言と追及が発表された」

「全国大会で発表ですか」

「そうなんだ」

「優秀な校長なのに」

「その後ある小学校に同和教育推進対策事務局長が突然訪ねて来た。『この学区に同和地域があることを知っていますか』『あまりよく知りません』と、校長が返答すると、

『校長がそのようなことでは困ります。同和教育の研修が足りないのではないですか』と迫り、校内研修の充実を迫った」

「その校長も返答の仕方が悪かったのではないですか」

「僕もそのように思う。『校長として初任校なので勉強不足で良くわかりません。教えて下さい』と返答すれば問題は起こらなかったのだが」

「そうですね。校長の発言は教諭の発言とは違うはずですから色々のことを考えて発言しないと問題が生じますよ」

「新潟県同和教育推進研修会が、村上市で開催されるので、僕は同和教育の必要性を訴え、教職員全員研修会を開催して研修を深めて来た。村上には封建時代から差別され、いじめられて来た人たちの歴史もある。何とか差別社会が無くなることを願ってのことだった。にもかかわらず、自分の勤務する学校の地域のことを校長が『知らない』と返答することは研修不足も甚だしいと思うよ」

「教頭、校長の発言から、村上市が解放同盟の人たちのターゲットになっているのではないの」

「そのようにも感じられる。解放同盟の人たちは、積極的に行動することによって成果を上げてきた。四月になるとキャラバン隊を結成し、同和教育推進を掲げて、各市町村巡りをしている。村上市では市長、副市長、教育長、総務課長、住民課長、学校教育課長などが出席して話し合いをするが、積極し過ぎて自由な意見交換の場が無いような気がする」

「今まで差別されて来た歴史があり、それを覆すために一気に攻勢をかけて自分たちの意見を通そうとしているのではないですか」

「村上市にも新発田市と同じ同和対策室を作ってほしいという願いを解放同盟は持っているのは事実だ」

「その願いを聞いてやれば、解決するのではないですか」

「村上には同和地域であった所に住んでいる人たちでも、解放同盟の人たちと考え方、生き方が違う人が大勢いて、簡単には解決できる問題ではないのだ」

「そうなの」

「同じ集落に住みながら、反解放同盟の人たちは解放同盟加入者に地域の公会堂を使用させない所もあるから」

「そんなに激しい戦いがあるなんて知らなかった」

「今は個人的には使用させているが、解放同盟と言う名では使用させていない。だから旗開きは市のふれあいセンターで行われている」

「集落に公会堂があるのに？」

「そのように複雑な問題があるので、村上市にも同和対策室を作ってほしいと要求されているが簡単には作れない。市ではまず、市民はどのように同和について考えているのか、意識調査をする必要があると、意識調査委員会が作られた。その委員の中に解放同盟の役員二人にも入ってもらった。仕事は順調に進み、まとめの最終段階になると、解放同盟の役員から突然、僕に質問が出された」

「どんな質問ですか」

「村上市に同和地域があったのかどうか教育長はどう考えますか」

と。

「それで貴方はどう答えたの」

「以前、神林地区に同和地域は無いと、村長が発言したことから、裁判となり、村長が負けた経緯があり、村上市の泉町は解放同盟の皆さんと違った歩み方をしていることから、答えは複雑なので次の機会に返答しますと言って、答えなかったよ」

「解放同盟の狙いは、泉町を自分たちの仲間に入れることじゃないの」

「僕もそのように思うが、今までの教頭、校長事件の経緯から簡単には答えられなかった。だから市長、副市長とも相談して答えようと思ったのだ」

「それは賢明な考え方ね」

泰雄は市長と相談した。すると、

「同和地域は村上に在ったことは事実なので『在ったとする』を、村上市の基本に据える。しかし泉町の意向もよく聞いて、対処しなければならない。教育長は意向を聞いてほしい」

泰雄は泉町出身の尾形市会議員に話をすると、

「我々は、あの人たちの考え方とは違う。自分たちが努力して、地位を高め、世間から認められ、尊敬されるようにして行かなければ、根本的な解決にはならない。だから我が町内では、校長を出したり、医者を出したり、市会議員を出したり会社を起したりしている。昔とは市民の見る目がかなり違ってきた。教育長、そう思わないか」

「市民の気持ちは以前とはまるっきり違います。私に英語を教えてくれたのも泉町の議会事務局長の父・高橋さんです」

「元市会議員の高橋さんの教え子か」

「そうです」

「高橋さんの倅、議会事務局長（現市長）の意見も聞いた方がいいよ」

と、言われ高橋議会事務局長の意見を聞いた。

「確かに我々子どもの頃は、泉町の子どもは馬鹿にされていましたが、それをバネにして、みんな勉強し活躍して来ました。そして今の地位を勝ち取ってきたのです。昔、馬鹿にした武士や地主の孫が、今、泉町の建設会社に勤め、働いている人もいます。だから外から圧力をかけて認めさせていくやり方には反対です。自分たちの力で世間から認められる地位を築いていかなければならないと日々努力することが大切です」

と、語った。その他、泰雄は教え子の意見も聞いてみると、尾形市議や高橋事務局長とほぼ同じ意見であった。そこで泰雄は次のように返答した。

「村上には同和地域は存在した。というのが、市長、教育長の統一見解です。ただし大阪市の橋下市長は同和地域の出身です。アメリカのオバマ大統領は黒人です。昔は差別されて苦しみましたが、今は、そのようなことを問題にする時代ではなくなって来ています。橋下市長は、衆議院議員、参議院議員数十人を配下に置いて、維新の会を作り総理を目指しています。オバマ大統領は黒人です。黒人は昔、奴隷でしたが今や世界のリーダーです。だから泉町の人たちに聞いてみますと、橋下市長やオバマ大統領のように、自らの力で自分たちの身分、地位を高めていくと言う歩みをしたいと言っています。一方、平林の小池委員のように、解放同盟の人たちと力を合わせて自分たちの地位を向上させようとしている人たちもいます。どちらも正しい歩みで村上市の教育委員会としてまた教育長としてはどちらが正しいとか間違っているとか言及することはできません。両方の行き方を尊重して行きます」

と、泰雄が返答したら反論はなく意識調査の原稿がスムーズにまとまった。

二　学校教育行政

㈠　統合の新しい小学校

泰雄が教育長になった時、門前谷と山辺里小学校の統合校舎が新築中であった。泰雄がどのような校舎が建てられているのか見に行くと石川校長が対応した。

「ご案内します。このように立派にできつつあります」

「ハード面はできて来ましたので次はソフト面ですね」

「教育長さん、実は新山辺里小学校の教育目標を作るのに苦心していますが」

「門前と山辺里は、昔は同じ山辺里村でしたから似ているところは沢山あるはずです。共通点を見出し、それが未来に続くような教育目標が良いのじゃないですか」

「そうですね」

「児童が地域で逞しく生きていく人間像を考えて校長先生が決めて下さい」

「次にお会いするまでに二三考えておきますので相談にのって下さい」

「楽しみに待っています」

と、待っていると校長から電話が泰雄にかかってきた。

「教育目標を考えてみましたが、これぞと決断できません。相談にのっていただけるとありがたいのですが」

「今日の午後空いていますのでおいで下さい」

石川校長が教育長室にやってきた。二三提示しながら、

「いろいろと考えましたが、「夢に向かって歩む逞しい子ども」が一番良いような気がしますがいかがですか」

「僕は一目でこれだと思いました。それは子どもたちが野球やサッカー選手になりたい、オリンピックに出たい、医者になりたい、教師になりたいと自分の夢に向かって一人一人が熱心に頑張る学校、新しい山辺里小学校にはぴたりです」

「教育長さんからそのように言っていただくと安心して掲げられます」

「素晴らしい教育目標を考えました。児童たちは喜びますよ」

「やる気が湧いてきます。目標の次は教育課程です。私も新しい希望に燃えて頑張れます」

「新しい学校の初代校長になるのです。よろしくお願いします」

教育課程もスムーズに決定した。ところが学校統合説明会を開くと、通学バスの運行が大きな問題になり、保護者が担当課長に、

「学校が遠くなる。当然通学バスを使用するでしょうね」

「基本的には、四キロ以内は徒歩通学になります。しかし、国道七号線より西は横断するのに危険が伴いますので通学バスを考えています」

と、課長が返答すると、

「国道一本で通学バスに乗れる、乗れないを決めるのは、乗れない子が可哀相です」

「乗れないといっても二キロくらいなので、たいした距離ではないと考えています」

「家の子が徒歩で、国道一本隔てた子どもは通学バスでは認めることはできません。教育長はどのようなお考えですか。是非家の子も通学バスにして下さい」

「バス通学は良い面もありますが、欠点もあるのです。家の玄関から学校の校門までバス通学していると、田植え、田の草取り、稲の実りの時期、四季折々の自然の移り変わりが分からない子が育ちます。バス通学は、通学している時は、安心で楽ですが、雪国で生きて行かなければならない逞しさが育ちません。吹雪の中を歩き、風雪に耐えて歩くことこそ雪国村上で生きる人間の育成です。徒歩通学も体力気力を養う教育の一環と考えられませんか」

「それなら国道の横断歩道を安全に渡るのも教育の一環でしょう。七号線の西側の子どもがバス通学で東側の子どもが徒歩通学ではどうしても納得ゆきません」

「私は消防署に勤務していますが、確かに教育長が言われるように自然の移り変わりや風雪に耐える子を作るには徒歩通学は有効かもしれませんが、最近不審者が出没していま す。そのことを考えるとバス通学にして下さい」

「教育委員会の意向も話しましたし、皆さんのご意見も聞きました。ここで皆さんと話し合って解決する問題ではありません。保護者の皆さんと僕の考えも踏まえて課長と話し合って決めて下さい」

と、泰雄は課長と保護者に一任した。その話し合いの結果、国道七号線の西側は車が頻繁に通るので危険が伴い通学バスを使用するが、東側は徒歩で通学できるところは徒歩通学とする。ただし児童が一名か二名の集落は、不審者が出ているのでバス通学にすると決まった。

「課長、まとめるのに苦労したでしょう。ご苦労さんでした」

「雪国に生まれたら、雪道を歩くことができる子どもを育てなければ、雪国では生きられないと教育長の意向を説明しても『あそこの集落の子どもがバスに乗っている。なぜ私の集落の子どもがバスに乗れないのか』と、バスに乗らないと損をしたような感覚で要望が出る。その折り合いをつけるのに苦労しました」

「ご苦労様、ご苦労様でした」

(二) 小中学校の生活・生徒指導

泰雄が村上第一中学校の入学式に出席して、教育委員会告示を述べていると、突然入学

生が立って、

「つまらない、止めろ」

と、怒鳴り出し、告示を妨害する生徒がいた。それにつられて話し出す生徒も出て、出席した来賓、保護者は心配そうに帰って行った。佐藤校長は式終了後泰雄の傍に来て、

「すみませんでした。必ず指導して生徒、学校を建て直しますのでお許し下さい」

「あの生徒は小学校の六年生の時から問題があり、自分の意に添わない話が出ると妨害していたのです。小学校では担任、教頭、校長も手が付けられず悩んでいた生徒です」

「それにしてもひどい入学式になってしまいました」

「あれは小学校時代からの行動です。気にしないで下さい。しかし何か指導の方策があるはずです。よろしくご指導お願いします」

と、挨拶して泰雄は帰った。校長と職員が一体となっての指導が始まった。

「教育長さん、あの生徒にはジャブアンドブロウと言う手法を用います」

「それはどんな手法ですか」

「ボクシングでは打っては引いて守りますが、指導したらすぐに引いて見守るのです」

「なるほど」

「ああいう生徒は小さい時から怒られ、どなられて来たのです。私は柔道をして来ましたが、先輩の先生から『どんな子どもでも、懐の中に入れて指導すれば聞き分けてくれる』と教えられています。長く指導すると切れてわめきます。それで話せば分かる部分もありますから、悪さをしたら指導しますが、すぐに引いて見守ります。全職員一致してその手法で取り組んでいます」

「効果はどうです」

「少しずつ出ています。例えばトイレのドアを蹴った時、『ドアは痛いと泣いているぞ』と言って引き下がります。彼は反省する気持ちから落ち着き冷静になるのです」

「彼に適したよさそうな指導方法ですね」

「三年間、指導を継続すれば、何とか一人前にして卒業させてやれそうです」

「校長先生のように問題の生徒が生じたら戦略を立てて対処することが大切です」

「学校の壊れた所はすぐに修理をお願いします。外見上、修理されて綺麗になると、学校が変わって来たと保護者は見ます。それが生徒に良い刺激になりますから」

「課長に命じて修理させます」

「佐藤校長はグラウンドの草むしりで有名です」

「職員が学習指導で忙しいので、私は暇ができると草むしりをしています。これは生徒に綺麗なグラウンドで生き生きと活動してもらいたいためにやっていますが生徒指導に効果があるかどうかは分かりません」

「僕が学校へ入った時の生徒の挨拶が以前に比べて生き生きとしていました。生徒たちの中身が変化していることが良く分かります」

「ありがとうございます。その言葉を励みに一層頑張ります」

「ところで村上第一中の生徒たちの学力はどうですか」

「恥ずかしいかぎりです。県下最低です」

「学力も大切な要素です、まず生徒指導に力を入れてあの生徒たちを蘇《よみがえ》らせて下さい」

「教育長さんからそのように言われると安心して学校運営に携《たずさ》われます」

「学校運営は、校長先生にお任せです。思う存分に先生方のアイディアを生かして運営して下さい」

「ありがとうございます。頑張ります」

と、佐藤校長と話して帰ると別の学校から教師の体罰問題が報告された。課長に内容を調査させると、三年生の女生徒が五時過ぎても帰宅しないので注意したところ、『はい』と返事をしながら部活練習の男子生徒をつけ回し、再三再四注意しても帰宅しないことに腹を立てた男子教師が、女生徒の頬を打ったという事件であった。

「課長、打った教師も悪いが再三再四注意しても帰宅しない女生徒も問題がある。校長と親と話し合って解決できないのか」

「親が『暴力教師のいる学校には生徒は通学させられない』と休ませているとのことです」

「親と校長、教師の話し合いはもったのか」

「二回ほど持ち、学校側の非を認めて謝っても『打った教師を教育委員会が辞めさせない限り生徒を学校には登校させない』と主張しているようです」

「学校と親との間がこじれているようだから僕が両親と会う機会を作るように校長に指示してくれないか」

「分かりました」

と、両親と校長、教育長、課長五名で会う機会が設定された。泰雄は村上小学校の教諭時代に児童を殴ったことがあり、打った教師の気持ちも理解できるので両親がどんな態度・考え方なのか探ってみたいと思った。

「夜分ご両親で学校においで下さいましてありがとうございます。教育長の泰雄です」

「私は打たれた生徒の母親です。暴力教師をなぜ勤務させているのですか」

「打ったことは謝りますが、なぜ打たれたのか理由を知っておられますか」

「帰るように何回も注意されたと聞いています」

「再三再四帰宅するように注意したにも関わらず帰らなかった生徒にも非があることを認めていただけるでしょうか」

「こちらは法律を犯していませんが、教師は『学校教育法十一条に暴力を加えてはいけない』とうたわれているのに暴力を振るったのです。法律を破る教師は許せません」

「打ったことは教師も校長も謝っているのですから丸く収めることはできませんか」

「私たちが丸く収めても娘が『暴力を振るう先生がいる学校には怖くて行かれない』と脅えています。即刻辞めさせて下さい」

「教師にも生活がかかっておりますので即刻辞めさせるわけにもゆきませんから、会わない工夫をしますので生徒を登校させることはできませんか」

「打たれた心の傷は大きく、怖がって脅えています。その先生が学校にいるというだけで登校できません」

「ご両親と生徒の気持ちがよく分かりましたので教育委員会としての方策を今後立てて参ります。今夜はありがとうございました」

と、話を打ち切った。両親が帰った後、

課長「父親が何も話さず、母親だけが話していたので少し感情的でしたね」

泰雄「話をこじらせてはいけないと話し合いを止めたのであるが母親の説得は難しそうだ」

校長「教諭にしばらく休んでもらい母親の感情を抑えましょうか」

泰雄「教諭が納得するかなあ」

校長「殴った教師に非があり、暫く休んでもらい、その間に生徒の心のケアを図り元気になったところで教諭を勤務させる方策はいかがですか」

泰雄「その方法しかないようですね。よろしく頼むよ」

と、教師が年休を取っている間に生徒が登校した。

校長「教育長さん、先日はありがとうございました。生徒は今日登校し、部活に出たり他の女生徒と話をしたり普段と同じでした」

泰雄「それは良かった。教諭にはしっかりと指導して出勤する時期を焦らず対処して下さい」

校長「教諭には年休が三十日残っておりますのでその間に生徒の心のケアを十分に図り対処します」

教師の暴力事件が治まると小学生の野火事件が発生した。秋の乾燥した日にサイレンが鳴って消防車が走った。それは児童が河原で枯草に火を付けたら燃え広がり児童では消せなくなり消防車の出動となって消し止めた。それを学校長が『マッチいたずらはしてはいけません』と学校だよりに事件の概要を書いたことから、父親が子どもの心を傷つけたと怒り、教育委員会に校長名指しで訴えてきた。

「学校だよりに名前が載っていたのですか」

「載ってはいないが野火を炊いたのは我が子だということは誰もが知っている。なのに追い詰めるようにして学校だよりに書くとは何事ですか」

「僕も学校だよりを読みましたが、『マッチいたずらはしてはいけないことだ』と書き、『マッチの管理をして下さい』と書いてあり、今回たまたま野火となり『消防車が出動して火を消し止めたので良かったが、広がると大変である』と書かれてあるのです。問題はないと思いますが」

「子どもは『恥ずかしくて学校には行けない』と言っています」

「そのくらい反省することは必要なことですが、子どもさんの心のケアをするように校長に話しておきます」

その後また父親が教育委員会にやって来て、

「うちの子が算数のテストを受けたところ五点取っていたのに担任は零点と付けた。算数の通信簿がⅠであった。そんなに馬鹿ではないはずだ。教師を指導してほしい」

「分かりました」

と、校長に電話をすると、

「野火事件以来、学校に怒鳴り込んだり、校長や担任教師の悪口を言うようになり、『このような不親切な学校には通学させられない。転校させる』と、言っています」

「自分の子どもの非を認めず、親のマッチ管理の悪さを認めない親には負けてはいけません。きちんと言い聞かせて下さい」

父親は結局、児童を隣の学校に転校させたが、児童が転校した学校でも教師の問題点を指摘して教育委員会に電話をよこすようになった。泰雄も教育委員会の職員も慣れて来て取り合わなくなったが、このような父母が増加していることは確実であり慎重に対処して行かなければならないことを泰雄は校長会で話した。

㈢　早寝早起き朝ご飯に家庭学習

国が実施している学力テストに対して、泰雄はそれよりも【さといく教育】の重要性を説いて実践して来た。それは村上には村上牛、村上の鮭、北限の村上茶、村上堆朱、岩船米、山北・岩船漁港の魚、山北の杉などブランドにはこと欠かないほどの産物があり、国指定の遺跡・お城山、平林城があったからである。地域に学び地域を知ることの重要性から各校に予算を付けてその学校に相応しいさといく教育の実践を要求し、発表会を持った。ところがさといく教育の実態は児童生徒の思考力を高めるほどの実践校は少なく、形式的に地域の人たちと触れ合うような実践をもってさといく教育としている学校が多かった。その原因は村上地域で生まれ、村上地域の文化や習慣が身に付いた教師が年々少なくなっていることからでもあった。遠方から来ている教師は三年の勤めが終われば帰って行く。さといく教育に少し触れたところで帰って行くために、児童生徒がさといく教育で変容して行くところまでは指導できずにいた。そこで地元出身の教員を増やすことを呼びかけた。

ところが、全国学力テストが行われ、その結果を分析すると、小中学校とも県の平均以下であり、それは小中とも特に低い学校があり、平均点を下げていたのだ。その学校の母子家庭、父子家庭、貧困家庭の児童生徒がもし大学へ進学したいと思ったら、費用のかからない国公立大学へ希望するであろうが、このような実態では国公立大学の合格は無理と泰雄は思った。地元出身の教師も生まれない。さといく教育と平行して、基礎学力向上も大切と考え、さといく教育と学力向上を村上市立小中学校の最も大切な課題にした。そこで泰雄は校長会で次のように話した。

「全国学力テストの結果、村上市は小中とも全国・県の平均よりかなり低かった。それで県平均まではもって行きたいので、今後、学力向上も村上市の課題にします。学力を向上させるには、学校で学習した中身を家庭で復習しなければ身に付きません。教育委員会が児童生徒の家庭学習の量を調査してみました。すると、一時間以下の児童生徒が七十パーセントも占めていました。学力向上の鍵は家庭学習の量を増やすことです。学力の高い秋田県に問い合わせをしたり、教育長全国大会で秋田県から来られた教育長の話を聴いたりしてみますと、家庭学習の充実を語っています。そこで我が村上市の合言葉は【早寝、早起き、朝ご飯に家庭学習】とし、児童生徒、保護者に呼びかけて行きます。校長先生方もご協力下さい」

と、呼びかけた。するとある校長が、

「家庭学習量の調査は今後もするのでしょうか」

「します。合言葉を教師、保護者、児童生徒に浸透するように、あらゆる機会にあらゆる場所で呼びかけます。年二回、家庭学習量の調査を実施して結果を発表します。真剣に取り組んでいる学校を紹介して家庭学習量を増やして行きます」

「さといく教育もあり、生徒指導で悩んでいる学校もあります。学習指導より生徒指導に重点を置かなければならない学校もあるので学校経営に支障が出るのではないでしょうか」

「さといく教育は村上地域で生きる誇りと知恵を学ぶ学習ですが、学習指導要領の中身の学習は全国共通の児童生徒の学習です。その学習を充実させるには学習指導と生徒指導の充実が必要です。その二つは村上で生きる力です。楽しい学習、分かりやすい学習をしている学校は生徒指導もうまく機能するはずですし、生徒指導が上手く行っている学校はさといく教育も学習指導も成果を上げるはずです」

「県教委の最大の課題は児童生徒の学力の向上で、県教委は今後、毎月、学習の定着度を調べるようになりますが、村上市もそれを実施するのでしょうか」

「実施します。学力の低い学校の児童生徒が大学進学を希望した場合、合格は無理です。貧困家庭の児童生徒は費用のかからない国公立大学を希望します。それに応えてやらなければなりません。そこで各校でも基礎学力向上を前面に出して【早寝、早起き、朝ご飯に家庭学習】を推進して下さい」

「住民もさといく教育の推進と学力向上を望んでいます。教育長が言われたように教育委員会は、今後もさといく教育と学力向上に向けて邁進しますのでよろしくお願いします」と、課長が付け加え、校長会あげてさといく教育と学力向上に取り組むことになった。

このような話し合いから次に行われたさといく教育発表会では、ある学校は春には鮭の卵を孵化させ、稚魚を育てて三面川に放流し、秋には鮭の塩引きを作る実習を教育課程の中に組み入れて実践した例が生まれたり、また、ある学校は朴ノ木のお盆やお皿に絵を描いて彫刻刀で彫り、職人に漆を塗ってもらって村上堆朱が出来上がる過程を直に学んだこと、またある学校は杉苗を山に植えるために山の草刈りをして整地し、杉苗を植えて肥料をやり、一年後に雪で倒れた杉をおこした実践を発表した。このような実践こそ村上に生まれた児童生徒にとって大切な学習であると思った。このようなさといく教育を実践することによって村上で生きる力が身に付くと考えた。しかし、県で実施している学力定着度調査を見てみるとあまり進歩の跡が見えなかった。そこで泰雄は指導主事を呼んで、

「指導主事、県教委で始めた毎月の学習実態調査の結果は改善の方向に向いているか、どうだ」

「初めは低かったのですが、徐々に向上して来ていますが、小学校も中学校も県平均以下です。学校によっては県平均以上または平均の学校がありますが足を引っ張っている学校があるために県平均以下になるのです。その学校は家庭学習の量も少ないです」

「今月の県の実態調査を見せてくれ」

「これが今月の結果です」

「なぜ、この学校がこのように低く市内の最下位なのですか」

「理由はわかりません」

「校長に電話して聞いてみるよ」

と、泰雄は最下位の学校に電話した。

「校長先生、貴方の学校の六年生の算数の定着度が低く小学校二十一校中、今月は最下位でした。児童の知能指数と学力は相関関係があるのですが、六年生の知能指数はどのくら

いですか」

「そんなに悪かったのですか。知能指数を調べてみます。担任と指導法について相談します」

「知能指数はそんなに悪くないと思います。知能指数を十分に生かした授業をしているか、学習したことが定着するような家庭学習の工夫がなされているか見て下さい」

と、指導すると必ず次の実態調査では児童生徒の成績が向上した。それを数か月継続すると小学校は県平均に並び、中学校は県平均にもう少しで届く所までこぎつけた。しかし、生活指導、生徒指導上の問題を抱えている村上南小学校と村上第一中学校には成績がどんなに悪くとも電話をかけないで教師の努力を待っていた。すると、村上第一中学校が、県平均を超える学年が出て来た。

「校長先生、貴方の学校の二年生の国語が県平均を超えました。校長先生が先頭になって生徒指導、学習指導に取り組んでおられる成果です」

「ありがとうございます。これからも頑張ります」

　泰雄は校長会でも村上第一中学校の成果を大いに褒めた。［早寝、早起き、朝ご飯に家庭学習］がようやく定着してきた。そして三年の月日が流れ、卒業合唱で挨拶した生徒が次のように語った。『僕は入学式で暴言をはいたり、暴れたり、先生方に暴力を振るったり、教室やトイレのドアを壊して学校に迷惑をかけてきました。本当に申し訳なかったと思っています。僕がこのように改心できたのは、我儘な僕を先生方は、大きな心で包んでくれ、そんな自分を受け入れて指導してくれたお蔭です。今、第一中学校を卒業するにあたり、心から校長先生始め先生方、同級生の皆さんに感謝しています。今後は自分をよく見つめ、心が切れないようにして生きていくことを誓います』と、四百名の全生徒、百人近い来賓が咳一つせず彼の言葉を聞いていた。三年前とは見違える生徒になって卒業して行った。

「校長先生、今日の卒業式は感動でした。校長先生始め、諸先生方の努力がひしひしと身にしみてわかる卒業式でした。ありがとうございました」

と、泰雄は校長に礼を述べて帰宅した。この生徒たちが高校へ進学して、その後大学や専門学校へ進学したいと希望を持った時、家庭の事情で進学を諦めなければならないようなことがあってはいけない。村上市独自の奨学資金制度を大滝市長と共に考え出した。それは、市の蓄財と一般財源を組み合わせて年間約五十名、三万から五万円の範囲内で貸し付け、卒業して職に就いた翌年から二十年間かけて返済する制度であった。子どもは村上市の宝でありそれを育て生かすのが教育委員会の使命であると信じて実行した。

㈣　佐藤君から学ぶ

泰雄は村上第一中学校の卒業式を終えた次の日、会議のために新潟へ出ようと村上駅に向かった。駅の切符売り場が込み合って行列が出来ていた。並んで待っていると泰雄が村上小学校五六年担任の時に支援学級から通級していた佐藤君が『先生、お久しぶりです。私は先生はお忙しい人ですので私が並んでいたところに行って早く切符を買って下さい。私は後ろにつきますから』と寄ってきた。『いいよ』と断ったのであるが熱心に進めてくれるので泰雄はその行為を受けた。佐藤君はダウン症の子であった。算数や国語は普通児とは一緒に学べなかったが、体育、図工、家庭科の時間になると泰雄の学級の児童と共に学んでいた。人と言う字は一を一が支えてできている。人は一人では生きられない。共に助け合って生きている。それゆえに泰雄は当時普通児も障害児も共に支え合って学び合う道を求めて歩んでいた。村上南小学校の時のまさよさんも雷中学校の弘樹君も同様である。学校教育の第一は人と共に生きる道を教えることが最も重要なことだと考える。しかし最近の教育の方向はやや違う。不登校になった児童生徒に登校刺激を与えたり、出欠をとって名前を呼んだりすると『不登校と知りながら名前を呼ぶとは何事か』とクレームがつく。毎朝、教師が自学級の児童生徒の名前を呼んで『はい』と言う元気のよい返事があるかどうか出欠をとるのは義務である。ところが『うちの子が休んでいることを知りながら名前を呼ぶとはなにごとか』とクレームがつく。そこには教師が受け持った時に最初に明確な方針を児童生徒に示していなかったことと、不登校を起している児童生徒の親と出欠をとる意味を十分に話し合っていなかったことに問題がある。不登校は人と人との交流を拒んでいる。学校教育の根幹をなす人と人とのまじりあう中で学び合うことを拒否している。家でパソコンやスマートホンを相手に過ごしている。パソコンにしろスマートホンにしろ見えない向こうには人が居る。不登校は人に接することを拒む病である。その病の原因をつきとめて治療する努力をし、人と接する道を開くのが教育の本来の道ではないかと考える。それはダウン症の佐藤君が泰雄を見つけると自ら席を譲ったように佐藤君は人の中で生きる知恵・すべを獲得し立派に生きている。人よりやや安い給料であるが会社に勤め自活している。障害者の就職促進法ができてもその道は厳しい。泰雄は佐藤君のような生きる知恵を持った人間になれば、障害を持っていても自活できることを佐藤君からおしえられた。佐藤君ありがとう。

三　教育長の辞任

(一)　前立腺癌の疑い

泰雄が村上病院へ検査に行くと、

「前立腺が肥大して、ＰＳＡ検査の結果も数値が上がっています」

「数値はどれくらいですか」

「八・五です」

「今後、生体検査をして癌細胞が見つかれば、どのような治療がありますか」

「入院して制癌剤を飲んでいただき、放射線治療を受けるか、癌細胞を取り除く手術をするかです」

と、医師から言われて泰雄は帰宅した。

「三枝子、前立腺癌の恐れがあると医師から言われたよ」

「そうなの。貴方は年齢も七十六歳、粟島と合わせて約十一年も教育行政に携わって来たのだし、県でも最年長の教育長です。もう引退の時期ではないの」

「保育所の統合が進んでいる。児童生徒の減少は、学校統合を推進しなければならなくなる」

「貴方は、市町村合併は推進して来たけれど学校統合には反対して来たのでしょ」

「学校が無くなることは、その地域の文化が無くなると主張して来たけれど、児童生徒の数が年間約二百名ずつ減少し、小学校の数で予測すると神林地区は五校が二校に、朝日地区は五校が三校に、山北地区は二校が一校に、村上地区は六校が五校に統合されるようになっては僕の意図と反対の方向で教育行政をしなければならなくなる。学校統合が自然の流れとなっては僕の主張が通らなくなる」

「ここは新しい教育長に任せるべきだと私は思うけど」

「学校統合を住民に十分に説明して歩く体力がない。今まで協力してくれた三枝子にも疲れが見えるし、三枝子のいう通り引退の時期かもしれないなあ」

「人間、引き際が大切ですよ」

「決断するよ」

と、言って泰雄は市長に会った。

「医師の診断の結果、ＰＳＡの数値が上がり、前立腺癌の恐れがあるそうです。治療しなければならなくなれば、不安な気持ちで教育長は務まりません。この際、辞任したいと思います」

「困ったなあ。教育に関しては、全て教育長に任せて来た。しかし病気なら仕方がないが、責任をもって後任を推薦してくれないか」

「承知しました。村上市の教育発展に繋げられる人を必ず推薦します」

「それならわかった。体が第一です。お大事に」

と、市長の了解を取りつけて泰雄は辞任した。

(二) 教育委員会制度改革の問題点

泰雄が教育長を辞任して飛び込んで来たのが教育委員会改革案であった。

「三枝子、今朝の新聞を見たかい」

「教育委員会の改革でしょ」

「相次ぐ児童生徒の自殺から、現在の教育委員会制度が問題になっていたが、教育長の権限があまりにも大きくなりすぎる。改革しなければならないことは分かる。それは児童生徒が自殺しても、今の法律では責任の所在が明確ではない。校長なのか教育委員会なのか、教育委員会といっても委員長なのか教育長なのか現在の法体系では分らない」

「教育委員会には委員長、委員長職務代理がおり、教育長の上位ですもんね」

「県市町村によっては、一年交代で委員長、委員長職務代理が代わるところがある。そんな委員長、委員長職務代理に責任を取らせるのは酷だ」

「どうすればいいと思う」

「今の教育委員会制度は、戦後の民主教育推進の原動力になった。大変良かった面がある。だから長く維持できた。大きな改革は現場を混乱させる。教育の中立性、政治不介入などの原則があり、大きな改革はすべきではないと僕は考える」

「教育委員の任命権は知事、市町村長にあるのでしょ」

「だから当然選挙で選ばれた知事、市町村長の公約を実現するために、それに相応しい人を推薦する。そして議会の承認を得る。知事、市町村長の推薦方式であっても、議会の承認を得れば教育に関しては知事、市町村長と対等である。それゆえに、教育委員会は政治、宗教の中立性を維持できた」

「今、検討されている教育委員会制度は何が問題なの」

「教育の中身、即ち学習指導、生徒指導を何も知らない人が、今までの委員長と教育長の権限を持った教育長になることだ。恐ろしさを感じる」

「文科省の大臣は教育の中身を知らない人も立派に務まっていますよ」

「国には強力なる組織がある。しっかりと大臣をサポートできる役人がいる。しかし小さな市町村にはそれがない」

「それを回避するにはどうすればいいの」

「回避するには、地方教育行政法の中に、『教育長は教育について広い識見を持ち、小中学校長の指導、助言ができる人を市町村長は推薦しなければならず、議会の承認を得たら、教育委員会は教育長に校長の指導、助言、議会答弁などを委任し、その責任を持たせる』と言う一項目を付け足すことで処理できるはずだ」

「教育長を教育経験のない総務部長や課長を任命している市町村があるけれど、今後は問題がありますねえ」

「あると思う。例えば総務課長が教育長になった時、予算獲得には威力を発揮するが教育は素人である。バックに指導主事、管理主事がいても、素人の教育長は教育の指導助言は何一つできない」

「医者が患者の治療法を知らないで治療に当たるようでは、病気は治りませんものね」

「最近、小学校低学年の校内暴力が多発している。その原因は学校側の弱体化である。我儘な保護者が増加しておりそれを退ける方途がない。教育委員会や保護者から物言われると反発し、立ち向かう気力を学校は失っている。学校に勇気と気力を与える法律が欲しい」

「学校は学ぶ場です。今の学校は悪平等が蔓延《まんえん》しています。伸びる児童生徒を殺しています」

「それを何とかしようとして教育委員会の改革を行なおうとしているが児童生徒を教育するのは学校であり、学校にもっと大きな権限を与えることが重要だ。昔は先生さまと保護者も児童生徒も教師を尊敬していたから、学校はサービス業の一種でよかった。しかし保護者も高等教育を受けて教師と対等の立場に立つものが半数を超えた。それは喜ばしいことであるが、逆に教師を自分の子どもに悪口を言う保護者も増加している。裁判を受ける裁判官の被告の親が裁判官の悪口を言うであろうか。教師は子どもの教育を任せられる裁判官のような神聖な一面をもっても良いのではないか」

「教師を【先こう】と呼び、普通の知能を持ちながら、努力もせず、いじめ、不登校、他人の学習を妨害している児童生徒が多くいますものねえ」

「そんな児童生徒には、進級停止、卒業証書不与制度を加えることができる権限を学校に与えてほしい。昔はそのような制度があったが、今は学校に一年間通わなくとも進級し、小学校は六年間、中学校は三年間通わなくとも卒業証書を授与される時代だ。校長が児童の自宅まで行って卒業証書を授与して来る。『卒業証書をもらって下さい』と校長が頭を下げて渡している。それでいいのか」

「今のように、いじめ、不登校、他人に暴力を加えても、また真剣に勉強せずとも進級・卒業できる義務教育制度は変です」

「大学へ進もうとする人には大検があるように、義務教育卒業証書をもらえなかった人には、義務教育検定試験があってもいいと思うが三枝子はどう思う」

「賛成だわ。能力のある子は年齢に縛られず、義務教育検定試験を受けて合格したらどんどん上級学校へ進学できる制度も必要ね。それが能力主義時代の努力した者が報われる世の土台ですもの。ところで貴方は何時生体検査を受けるの」

「来週、受けるよ」

●参考文献●

・学校教育法
・教員の職務（インターネット）
・平成二十四年度村上市議会報告

工藤泰則（くどう　やすのり）
yasu926@hb.tp1.jp
新潟大学教育学部卒、七名小学校長、関谷
中学校長、粟島浦村教育長、村上市教育長。
主な著書
「親も教師も願うもの」（明治図書・1984）
「石川のほとりで」（文芸社・2014）
「田中角栄と稲葉修物語」（文芸社・2014）
「総理大臣争奪戦史」（文藝書房・2018）
「これを解明すればノーベル賞」（文藝書房・2018）
「猪突猛進といわれても」（文藝書房・2019）
「ペスタロッチに憧れて」（文藝書房・2019）

子どもを生かし住民を活かす

2020年1月15日初版発行

著　者　工藤泰則
発行者　熊谷秀男
発　行　文藝書房
〒101-0021　東京都千代田区外神田3-6-1
電話03（3526）6568
http://bungeishobo.com
ISBN978-4-89477-482-7 C0037
乱丁・落丁本は小社にてお取替え致します。定価はカバーに表示。